Sept idées libérales

pour redresser notre économie

François de Coincy

Sept idées libérales
pour redresser notre économie

Préface d'Alain Sueur

Du même auteur

Mozart s'est-il contenté de naître ?, Bookelis, 2020.

© L'Harmattan, 2021
5-7, rue de l'Ecole-Polytechnique, 75005 Paris
http://www.editions-harmattan.fr
ISBN : 978-2-343-25017-5
EAN : 9782343250175

Sommaire

Préface d'Alain Sueur 9
Avant-propos 13
Introduction 15

Le Produit social 19
L'investissement déductible 33
La sécurisation des dépôts bancaires 49
Libérer le système monétaire 61
La régionalisation de l'Éducation nationale 75
L'écologie libérale 87
Quelles réformes pour les retraites ? 99

Conclusion 109

Préface

Par Alain Sueur

Refusant à la fois l'indifférence individualiste et la contrainte d'État, Albert Camus définit la condition humaine comme une tension permanente. Si la liberté absolue revient au droit du plus fort, la justice absolue veut la suppression de toute contradiction – c'est entre ces deux pôles que se situe la mesure. L'être humain est imparfait et sa philosophie doit être celle des limites. « De l'extrême liberté naît la servitude la plus complète et la plus atroce », disait déjà Platon (*La République*, Livre IX).

François de Coincy, en sept chapitres comme sept piliers de sagesse pour aujourd'hui, prône le libéralisme. Les acteurs d'aujourd'hui semblent l'oublier, le libéralisme est une doctrine politique des libertés individuelles née en France et en Angleterre au 18e siècle contre le bon plaisir de caste aristocratique. Issu des Lumières, le libéralisme est le règne du droit, la liberté dans les règles du jeu : liberté de conscience, liberté d'expression, libertés politiques et d'entreprendre. Ces autonomies individuelles sont opposées aux hérédités, ethnies, communautés, ordres et corporations de l'Ancien Régime. De cette conception philosophique découle une attitude : le respect à l'égard d'autrui (Diderot) ; une règle pratique : la tolérance envers les opinions (Voltaire) ; et une conception de la vie en commun : les contrepouvoirs (Montesquieu). Depuis, Karl Polanyi l'a largement démontré, le libre marché présuppose une intervention réglementaire constante et le développement d'un appareil de contrôle.

La liberté ne serait rien sans le concours et l'influence de l'État et des institutions de souveraineté, via le droit de propriété, la justice pour faire respecter les contrats, les règles de concurrence et d'exploitation, le contrôle d'une monnaie stable, les normes sanitaires et de pollution, les impôts, les infrastructures d'éducation, de santé et de transports... Comme le dit François de Coincy, « Ils font l'erreur commune de penser que la liberté est une situation naturelle alors qu'il s'agit d'une création humaine et que dans la nature, en dehors de l'homme, seule règne la loi du plus fort. » Être libéral n'est donc pas être libertarien (doctrine où l'individu souverain est roi).

L'auteur propose donc sept mesures concrètes pour assurer une intervention de l'État plus efficace car plus incitative : un Produit social pour calculer l'apport de chacun, l'investissement immédiatement déductible pour inciter les entreprises à innover, les comptes bancaires sécurisés à la Banque centrale pour éviter tout krach du système en domino, une certaine libéralisation du marché monétaire, la régionalisation de l'Éducation nationale pour expérimenter et adapter au plus près du terrain, une écologie libérée des œillères idéologiques et apocalyptiques, enfin une réforme des retraites qui assure à chacun son dû.

Ces mesures sont de long terme, en prise avec le nouveau monde d'après la pandémie où chacun s'est aperçu des bienfaits – mais aussi des carences - de l'État. François de Coincy apporte sa pierre pour le reconstruire en plus efficace et plus juste.

Alain Sueur[1]

---

[1] Ancien gérant de portefeuilles institutionnels et de SICAV, stratège boursier de banques en France et en Suisse, docteur en Science politique de l'Université de Paris 1 et membre de la Société française des analystes financiers, Alain Sueur a publié *Les outils de la stratégie boursière* (Eyrolles 2007, réédité en numérique 2011) et *Gestion de fortune* (SEFI 2009, préfacé par Christian de Boissieu). Il a enseigné jusqu'à récemment la finance à la Burgundy Business School, Pôle Paris Alternance, Montpellier Business School, Pigier Performance, et en master 224 de Paris-Dauphine.

Avant-propos

C'était un déjeuner amical où nous avions parlé du présent livre et la réaction était unanime : le titre était un repoussoir. Utiliser le mot libéral était l'assurance de ne pas être lu. Quels lecteurs, mais surtout quels journalistes ou quels économistes pouvaient s'intéresser à un sujet pareil. Le mot libéral est d'ailleurs plus qu'un tabou, c'est un gros mot.

Et nous voilà tous, moi compris, à chercher par quel mot remplacer le mot proscrit. Tout à l'amusement intellectuel de cet exercice, nous ne réalisions pas être en pleine auto-censure, tous d'esprit libéral, nous acceptions implicitement que ce mot qui représente une vertu soit représentatif d'une tare. Nous étions naïvement les victimes de la déconstruction de ce mot par tous ceux qui dans le passé se sont opposés à certaines formes de liberté, voire à toutes.

Nous sommes conscients que certains mots sont difficiles à employer par l'association d'idées qu'ils génèrent (C'était le point de départ de la pièce de théâtre « Le Prénom »). Mais en l'occurrence, ce n'est pas le cas : c'est l'idée même de liberté qui est mise en cause par ceux qui dénigrent le mot « libéral ». Il n'y a donc pas de choix : pour défendre la liberté, il ne faut pas craindre de prononcer son nom.

Introduction

Alors que la liberté dont s'est dotée notre civilisation occidentale a permis des innovations dans tous les domaines et notamment en économie où les talents ont pu apporter des progrès considérables, on considère en France qu'une mesure libérale relève nécessairement d'une démarche égoïste antisociale.

Cette mauvaise image du libéralisme est largement portée par l'opinion de nos économistes universitaires influencés par le système qui les paie. Ceux qui soupçonnent si facilement de conflit d'intérêts les chercheurs dans la santé lorsqu'ils sont payés par des laboratoires privés devraient se demander quelle crédibilité apporter aux opinions de ces professeurs anti-libéraux nourris par un système dirigiste qui n'ont qu'une connaissance livresque de la réalité économique.

Ces économistes oublient qu'en France particulièrement, le marché libre, celui où les parties fixent librement entre elles la valeur de l'échange, représente une part minoritaire de l'activité économique.

À la part du fonctionnement de l'État qui ne relève pas du marché libre et représente environ 30 % du produit national, il faut ajouter toutes les activités dont les prix sont fixés par l'État. Il y a bien sûr le secteur de la santé dans lequel les prix des médicaments comme les honoraires des médecins sont fixés par la puissance publique. On oublie souvent le secteur financier où, particulièrement en ce moment, les taux d'intérêt comme les allocations de financement ne relèvent pas du marché libre.

Mais il y en a bien d'autres dans tous les domaines, des taxis aux notaires sans parler de beaucoup d'agriculteurs dont les prix de marché ne représentent plus qu'une partie de leur activité. Il y a aussi les secteurs nationalisés dont les prix sont décorrélés de la réalité économique. Les secteurs qui sont réellement dans un libre marché, des commerçants, des artisans, des industriels, des professions libérales, représentent nettement moins de 50 % de l'économie.

Le dirigisme de l'État est un handicap pour l'économie parce qu'il ne facilite ni les adaptations ni les innovations portées par les initiatives individuelles. On le voit aussi bien dans le blocage des loyers allié à leur subventionnement qui perturbe le fonctionnement du marché immobilier, dans l'organisation des taxis qui relève d'une autre époque, dans le statut des agriculteurs assistés qui est une impasse sociale et économique, etc. On le voit également dans la position de l'Etat dans ses filiales, la SNCF en faillite, EDF surendettée et d'autres à l'exception notable d'Airbus dont le succès est peut-être dû à l'indépendance que sa Direction a pu conserver en n'ayant pas qu'un seul État actionnaire.

Si le libéralisme qui devrait donc être pour nous un mot porteur d'idéal est dénoncé comme une idéologie immorale, notamment en matière économique, cela vient de ce que ses adversaires, comme certains de ses partisans d'ailleurs, l'assimilent au laisser-faire. Ils font l'erreur commune de penser que la liberté est une situation naturelle alors qu'il s'agit d'une création humaine et que dans la nature, en dehors de l'homme, seule règne la loi du plus fort.

Lorsque Adam Smith avait qualifié de sa géniale expression « la main invisible », l'équilibre économique des échanges, il l'a laissé malencontreusement sous-entendre comme un phénomène naturel alors que cette régulation du marché est obtenue par des lois humaines combinant la liberté individuelle, la propriété et la sécurité assurée par l'État.

La difficulté d'une politique libérale vient de ce qu'elle nécessite des règles, et donc un État, et que la multiplicité des règles devient une entrave à la liberté. L'équilibre à trouver est délicat car le laisser-faire engendre une anarchie dont les désordres ramènent à la loi du plus fort et l'excès de règles bureaucratiques est tout aussi nuisible à la liberté : partant d'un bon sentiment elles nous étouffent en créant des milliers de petites contraintes (Georges Pompidou demandait à son administration, mais surtout aux plus zélés de ses ministres, d'arrêter d'emmerder les Français).

Le vote majoritaire républicain donne le pouvoir à une majorité qui risque d'aboutir à une tyrannie des plus nombreux pouvant rappeler la dictature du prolétariat. Nos élus devraient faire des lois qui incitent plus qu'elles n'obligent, laissant ainsi libre cours aux initiatives locales ou individuelles qui seront plus appropriées que les directives aveugles venues dans haut.

C'est l'esprit des sept idées libérales proposées dans ce livre. Elles sont probablement aussi bien acceptables par la gauche que la droite. Quel mouvement politique français n'accepterait pas une démarche qui supprime le chômage structurel sans instaurer le travail obligatoire, une mesure qui incite à investir plutôt qu'à dépenser, une mesure qui supprime le risque de défaillance des banques, une mesure qui diminue la pression de la finance sur l'économie réelle, une mesure qui redonne une nouvelle vie à l'éducation de nos enfants, une mesure qui permet de relancer nos investissements, une mesure qui rend l'écologie incitative et non punitive, une approche intelligible du financement des retraites ?

Le Produit social

En France, le chômage structurel est celui de ce grand nombre de personnes incapables de produire à un coût acceptable au niveau mondial, parce que ce coût lui-même est très inférieur au salaire minimum garanti et en tout état de cause à celui permettant une vie décente. Les politiques d'amélioration des compétences par l'éducation mettant des années à produire leurs effets, on ne peut laisser en l'état ce système qui exclut nombre de nos concitoyens du monde du travail.

Le « Produit social » est le mécanisme qui, en rendant compétitives les personnes les moins qualifiées, permettrait aux entreprises du secteur concurrentiel d'embaucher ceux qui constituent l'essentiel de l'effectif du chômage structurel en France.

Le Produit social est une charge sociale négative. Son montant est fixe et calculé de telle sorte qu'il compense pour les entreprises l'impact du salaire minimum jusqu'à ce que le coût du travail au SMIC soit ramené au niveau de compétitivité mondial. Si par exemple le coût mensuel du SMIC, charges incluses, est de 2 100 euros, en fixant le produit social à 1 500 euros, on ramène le coût du travail mensuel à 600 euros et ainsi en rendant compétitifs quasiment tout le monde, on supprime totalement les freins à l'embauche.

Les entreprises industrielles rapatrieront des fabrications délocalisées dans des pays à bas coûts, les entreprises agricoles pourront développer des activités autrefois supprimées du fait du coût de la main-d'œuvre, des emplois familiaux permettront mieux qu'aujourd'hui à des couples à forte valeur ajoutée de travailler à plein temps, etc. Très rapidement, le chômage structurel va disparaître complètement.

Pour être économiquement réaliste et efficace, le Produit social doit respecter plusieurs règles :

- Le Produit social ne doit être applicable qu'aux entreprises situées dans un marché concurrentiel libre.
- Même si le montant est calculé en fonction du SMIC, le Produit social est attribué à tous les travailleurs quel que soit le niveau de leur rémunération sur la base d'un temps plein.
- Le Produit social en tant que transfert de solidarité nationale n'est pas attribuable aux travailleurs étrangers des entreprises françaises.
- Le financement du produit social nécessite une restructuration de la fiscalité.

Le Produit social n'est applicable qu'aux entreprises situées dans un marché concurrentiel libre.

Dans un marché dirigé, on peut prendre n'importe quelles mesures, comme on maîtrise le prix, les quantités, les règlements, le mécanisme de marché ne peut être perturbé puisqu'il n'existe pas. Les administrations ne souffrent pas d'un salaire minimum.

Un marché libre fonctionne bien lorsque, du fait de son auto-régulation, l'autorité organisatrice n'y intervient pas de manière régulière, et réserve ses actions pour résoudre les dysfonctionnements graves. Le produit social permet cette régulation puisque son mécanisme prend en compte l'existence du marché mondial qui perturbe le marché local (alors qu'il ne perturbe ni les administrations, ni les secteurs protégés, ni les associations caritatives).

Appliquer le Produit social, comme tout allègement, dans les secteurs « non productifs » mettrait à mal la compétitivité nationale. Il faut donc réserver le Produit social aux entreprises fonctionnant sur un marché libre, c'est-à-dire celles qui sont en concurrence, ne bénéficient pas de soutiens structurels et dont les prix ne sont pas fixés en dehors du marché. En effet les entreprises hors des secteurs concurrentiels ne sont pas soumises à la contrainte du prix du travail international.

Il faut donc limiter les mesures sur le marché du travail au maintien du salaire minimum et à sa compensation par la création du produit social. Et on doit supprimer toutes les autres aides sociales qui deviennent, de ce fait, inutiles et perturbent la lisibilité du marché du travail.

Cela peut sembler injuste d'accorder le produit social aux seules entreprises du marché libre et ne pas l'accorder aux associations caritatives et aux administrations. C'est cependant un élément clé du succès de la mise en place du produit social.

Ce d'autant plus que relativement peu d'entreprises sont dans un marché libre. Toutes les entreprises dont les tarifs sont réglementés ou disposant d'un monopole acquis sans mise en concurrence ne peuvent y prétendre, sauf à abandonner le monopole, le privilège ou les aides dont elles bénéficient.

Ainsi ne peuvent prétendre au produit social, la SNCF ou la RATP, les pharmaciens ou les médecins, les notaires, les taxis, les agriculteurs bénéficiant d'aides ou de baux à loyer tarifés administrativement, etc. Ainsi des activités à statut dirigé demanderont à le quitter pour passer en marché libre afin de pouvoir bénéficier du produit social.

La distinction majeure vient non du fait que l'activité ait un caractère public ou privé, mais du fait qu'elle soit soumise à une concurrence réelle où les échanges ne sont pas fixés par une autorité tierce, mais résultent d'un accord libre entre les parties.

En réservant son application au marché libre, on évite la dérive qui ôterait toute efficacité en l'assimilant à une dévaluation déguisée. De plus, progressivement, toutes les tâches annexes de l'économie dirigée seront transférées au marché libre ce qui améliorera la productivité générale du pays.

Le Produit social est attribué à tous les travailleurs quel que soit le niveau de leur rémunération sur la base d'un temps plein.

Les entreprises bénéficieront du produit social d'un même montant pour tous leurs collaborateurs que leur rémunération soit de 1500 ou de 10000 euros afin de supprimer l'effet de trappe du SMIC.

Actuellement quand on gagne le SMIC, on peut aussi bien avoir une capacité productive inférieure au SMIC ou égale au SMIC ou légèrement supérieure au SMIC. Cela crée un sentiment d'injustice au sein des entreprises lorsqu'un travailleur voit qu'il est payé au même prix qu'un autre, alors que sa contribution est supérieure. Pour l'entreprise, cette situation se justifie du fait qu'aucun des deux n'a une production rentable, mais que ce sont des maillons obligatoires qui sont en réalité compensés par une moins bonne rémunération des salariés les plus rentables.

Avec le produit social, tous les salariés étant potentiellement rentables, cette compensation n'existe plus et on va pouvoir avoir une différenciation salariale par l'augmentation des salaires autrefois au SMIC ou proches du SMIC. On payait au même salaire deux salariés dont la capacité productive était différente de 500 euros, alors que désormais on pourra les différencier, le Produit social permettant ainsi de sortir de la trappe du SMIC.

Cette augmentation sera évidemment progressive, mais entraînera une progression significative du pouvoir d'achat des masses populaires.

Il ressortira de cette amélioration du budget des ménages les plus modestes le sentiment de sortir de la précarité et d'avoir la possibilité de mener une vie plus positive.

Pour éviter les effets de seuil générateur de trappe aux bas salaires, le produit social est appliqué à tous les niveaux de rémunération y compris les plus élevés.

Le Produit social, en tant que transfert de solidarité nationale, n'est pas attribuable aux salariés étrangers des entreprises françaises.

On imagine bien que, sans mesure d'encadrement, le produit social entraînerait un afflux massif de travailleurs non qualifiés en provenance de l'étranger. Ce n'est évidemment pas l'objectif puisqu'on constate que cette immigration non qualifiée est une des causes du chômage en France. Il faut donc réserver le produit social aux nationaux et on pourrait éventuellement l'étendre aux travailleurs étrangers justifiant d'une rémunération supérieure à 35 000 euros, seuil au-delà duquel, les cotisations et impôts couvrent les avantages sociaux. On évitera ainsi d'être envahi d'une immigration de travail au potentiel faible qui entraînerait une dépense sociale insupportable. Cette préférence nationale n'est pas contraire aux principes européens qui autorisent chaque pays membre à définir sa propre politique sociale. Quel serait d'ailleurs le sens d'une nation sans solidarité nationale ?

Cela suppose de revoir les règles européennes, ce qui sera négociable, puisqu'en contrepartie on acceptera que d'autres pays aient des règles de SMIC différentes des nôtres et que n'importe quel Européen vienne travailler en France sous couvert des règles de son pays d'origine qui en a la charge. On ne craindra pas le « plombier polonais » même au tarif polonais et on continuera d'accepter la concurrence du SMIC allemand inférieur au nôtre.

Il sera très utile de réviser ces règles et sortir de la confusion actuelle. Aucun des grands pays riches, Allemagne, France ou Italie ne souhaitant payer pour mettre le niveau social des autres pays à leur niveau, il suffit de le déclarer et de définir une règle européenne dans laquelle de base chaque pays est responsable socialement de ses ressortissants sauf à ce qu'individuellement ces derniers ne soient acceptés dans le système social d'un autre pays.

Le financement du produit social nécessite une restructuration et une simplification de la fiscalité sociale

La mise en place du produit social nécessite une restructuration des dispositifs sociaux mais est surtout l'occasion de leur simplification :

- On supprime toutes les aides et subventions sociales aux entreprises puisque remplacées par le Produit social. Ceci comprend bien sûr les dispositifs d'allégements de charges salariales ; tout le monde cotise à taux plein ce qui améliore l'équilibre et la lisibilité des comptes sociaux.

- On supprime les taux réduits en matière de TVA (on privilégie les ressources du travail plutôt que des allocations déguisées), ce qui rapporte 50 milliards par an sans augmenter les prix pour les consommateurs, car pour les entreprises, la hausse de la TVA est compensée par la perception du produit social.

- Du fait de la baisse du nombre de chômeurs, le coût des aides sociales va grandement chuter et il sera nécessaire d'en supprimer le caractère systématique pour les rendre plus exceptionnelles, c'est-à-dire devant être plus une assurance contre les accidents de la vie qu'un droit. Une aide au logement doit relever d'une solidarité nécessaire alors qu'un droit au logement peut devenir un puits sans fond absurde.

Les comptes du Produit social

Il faut financer le produit social qui va coûter 72 milliards d'euros pour les 6 millions de personnes qui vont retrouver un emploi ce qui représente environ 12 000 euros par an par personne : (1 500 de produit social – 500 euros de cotisations) x12.

Ces 6 millions de personnes vont avoir une production d'une valeur de 50 milliards entraînant des retombées fiscales de 10 milliards (et probablement une amélioration de la balance commerciale de 50 milliards). Le coût pour ces personnes est donc d'environ 60 milliards d'euros, soit moins que ce que coutent les allocations directes ou indirectes de ces chômeurs.

Mais le produit social va bénéficier à tous les travailleurs déjà existants sur le marché libre, soit environ 14 millions de personnes. Il faudra répercuter le produit social sans modifier globalement les marges des entreprises dans un sens ou un autre :

On augmente les taux des charges sociales de telle sorte que leur total moins le produit social soit égal à la somme des anciennes charges sociales. Globalement au niveau national les comptes seront identiques, mais par entreprises il y aura des différences, les entreprises ayant des salaires modestes seront avantagées par rapport aux entreprises ayant des salaires élevés.

On pourrait faire en sorte que le taux de charges sociales résultant soit applicable non seulement aux entreprises bénéficiant du produit social, mais aussi à toutes les entreprises ce qui permettrait de globalement le baisser et d'avoir un effet naturellement incitatif vers les emplois du secteur libre, productifs et non subventionnés

On limite l'augmentation du taux de charges sociales comme ci-dessus par la création d'un taux de TVA unique à 20% sans incidence sur les prix des consommateurs en modulant de telle sorte que l'opération soit neutre pour les entreprises, la perception du produit social compensant la suppression des taux réduits de TVA (on privilégie les ressources du travail plutôt que des allocations déguisées).

En résumé, le coût du produit social pour les anciens chômeurs est moins élevé que celui des aides dont ils bénéficiaient lorsqu'ils étaient sans emploi. Le coût du produit social pour ceux qui étaient déjà dans le monde du travail sur un marché libre est financé par une refonte de la répartition sociale et fiscale sans modifier les montants globaux : Les entreprises employant des travailleurs aux rémunérations plus modestes seront légèrement avantagées par rapport aux autres.

Comptes du Produit Social en milliards d'euros	Pour les anciens chômeurs (secteur libre)	Pour les autres travailleurs (secteur libre)
Cout du produit social	-72	-168
recettes fiscales des nouveaux revenus	10	
taux de TVA unique		50
Reclassement du taux de charges sociales		118
anciennes aides directes et indirectes	62	
Bilan	0	0

À l'opposé du Revenu universel qui génère l'exclusion, la création du « Produit social » renforcera la cohésion nationale.

Ceux qui rêvaient du Revenu universel y voyaient autre chose qu'un simple revenu de subsistance, mais un nouvel univers d'où le travail quotidien serait exclu, remplacé par les robots et l'Intelligence artificielle qui nous en auraient délivrés. Ce revenu allait nous mener dans un univers de bonheur où nous pourrions nous laisser aller à la philosophie et où le summum du loisir serait d'entreprendre un projet personnel qu'il aurait été honteux d'assimiler à un travail rémunéré. Malgré l'accélération des progrès techniques, la réalité économique est que nous en sommes à des années-lumière.

Le Revenu universel qu'on nous propose aujourd'hui relève plus de la ration de survie que du banquet platonicien. Il s'agit plus d'une simplification par regroupement des multiples aides déjà existantes que d'un changement de paradigme dans la mécanique des transferts sociaux. On veut remplacer les multiples aides, RSA RMI APL.... et autres par une allocation unique qui permettrait, croit-on, une simplification administrative.

La raison pour laquelle la réforme des aides sociales est nécessaire est que leur existence renforce la rupture sociale dans laquelle rentrent ceux qui n'ont pas accès au marché du travail. Il y a un ghetto pour ceux qui vivent partiellement ou complètement des aides sociales et le Revenu universel ne va faire que le renforcer, élargissant ainsi le fossé culturel qui sépare ceux qui travaillent et les autres.

Le Revenu universel, qui permet de survivre sans travailler, n'est que la poursuite des bons sentiments de ceux qui prônent le honteux « traitement social du chômage ».

En supprimant le ghetto du chômage, en améliorant le niveau des salaires et en relançant l'activité productive du pays, le Produit social est la proposition alternative positive au Revenu universel.

En réintégrant les plus vulnérables dans le monde du travail on augmentera la cohésion nationale car tous ceux qui font tant d'efforts pour faire vivre leur famille n'acceptent pas un Revenu universel qui permet de vivre sans travailler alors qu'ils approuveront le Produit social qui permet de travailler pour vivre.

Le produit social est-il une idée libérale ?

Il peut paraitre paradoxal de proposer le produit social comme mesure libérale alors qu'il s'agit d'un soutien massif à l'emploi qui profite aux populations les plus défavorisées. En réalité à partir du moment où on reconnait que le fonctionnement démocratique nécessite une cohésion nationale basée sur la solidarité cela rend nécessaire la mise en place d'un revenu minimum qui malheureusement perturbe l'équilibre économique du monde du travail. La mise en place du produit social redonne à la fois une liberté d'embauche, une liberté d'emploi et permet à la régulation économique par la liberté des échanges de fonctionner à nouveau. À ce titre c'est une mesure libérale qui permet à l'économie de fonctionner avec une intervention de l'État, certes forte, mais moins invasive que les multiples règles inefficaces mises en place depuis cinquante ans pour lutter vainement contre le chômage.

Ce n'est pas la finalité du produit social qui lui confère son aspect libéral, mais sa méthode. Ce n'est pas parce qu'il supprime le chômage structurel, ce n'est pas parce qu'il permet des relocalisations, ce n'est pas parce qu'il rend l'investissement attractif, mais c'est parce il a un caractère incitatif qui laisse liberté et responsabilité aux acteurs économiques. Une seule mesure qui remplace et supplée des milliers de règlements, voilà une mesure libérale.

L'investissement déductible

La démarche de courte vue consistant à croire qu'un projet est bénéficiaire alors qu'il n'a pas encore récupéré sa mise provient de notre système de comptabilité des entreprises en base annuelle.

Tout néophyte, étudiant en comptabilité, a nécessairement eu du mal à comprendre la réalité matérielle de la notion d'amortissement. Il voyait mal pourquoi on amortissait une chaise sur cinq ans alors qu'elle pouvait en durer vingt. Il voyait mal pourquoi l'entreprise était bénéficiaire alors qu'on y avait investi 1 million et qu'on n'en avait récupéré que 50 000. Puis ayant assimilé les mécanismes, il ne s'est plus posé les questions de fond et a raisonné comme tout le monde comptable.

La réalité économique est que toute entreprise ne commence à gagner réellement de l'argent que lorsque le cumul de ses revenus nets a excédé le montant de ses investissements. Avant, le résultat comptable affiché n'est qu'une fiction, fonction du taux d'amortissement retenu. Ce résultat peut être positif alors que finalement, le cumul des résultats pourrait ne jamais couvrir l'investissement initial. Ce résultat comptable n'est en réalité qu'un indicateur, un indicateur utile, mais il n'est pas la représentation d'un résultat réel.

On considère donc actuellement que l'entreprise a un résultat même si son investissement n'a pas encore été remboursé. Fiscalement, cela veut dire que l'État prélève de l'argent alors que l'entrepreneur n'a pas encore récupéré sa mise. Concrètement, avec un impôt société à 33 %, cela veut dire que lorsqu'un entrepreneur investit 100, l'État va prélever 33 avant que l'entreprise n'ait encore récupéré ses 100 de mise de départ.

Ce système est un frein monétaire à l'activité économique : en réduisant la capacité de l'entreprise à amortir ses investissements en fonction de ses recettes, il pénalise le lancement de nouveaux projets.

Pour relancer l'économie, il faut rendre l'investissement immédiatement et intégralement déductible fiscalement.

Au lieu de déduire de l'assiette fiscale la charge de l'investissement en fonction de la durée d'amortissement retenue, on va la déduire immédiatement (dans la limite du résultat de l'entreprise).

À long terme, les recettes de l'État seront les mêmes que la déduction de l'investissement se fasse en une fois ou en fonction des amortissements. Le budget national en aura évidemment un manque à gagner les premières années, compensé par un supplément de recettes ultérieurement.

Mais surtout la dynamique devient bien différente si l'investissement est immédiatement déductible : La recette fiscale diminue s'il y a une hausse des investissements, mais augmente s'il y a une baisse des investissements. Une hausse des investissements est un accroissement de l'activité et il y a donc un effet contracyclique, une forme de régulation compensatoire entre les effets de l'activité économique sur le budget et celles de la variation de l'assiette fiscale des entreprises.

Le système est extrêmement incitatif pour décider les actionnaires à investir, surtout dans les PME. Plutôt que de faire une distribution de dividendes, ils vont préférer la limiter au minimum et investir pour réduire au maximum l'IS.

En ayant l'intégralité de leurs nouveaux investissements déductibles du résultat fiscal, les entreprises vont être incitées à investir chaque année, au moins l'équivalent de leurs résultats annuels.

Beaucoup de patrons de PME, souvent allergiques à la fiscalité, choisiront d'acheter des biens d'équipement productifs qui valorisent leur entreprise et éviter ainsi de payer des impôts qui en diminuent la valeur. Ils vont rechercher plus activement les occasions d'engager des projets au-delà des seuls investissements de remplacement qu'ils effectuaient habituellement. Ils trouveront plus facilement des financements, car les risques des projets vont diminuer, du simple fait de l'absence de prélèvement de l'État tant qu'ils n'ont pas été globalement rentabilisés : Par exemple avec un IS à 33%, un investissement dont le risque porte sur 10 ans avec l'amortissement classique, ne porte plus que sur 7ans avec l'investissement immédiatement déductible. Les grandes entreprises seront surtout sensibles à cette diminution du risque des projets qu'apporte cette mesure.

Il serait erroné de croire que cette mesure inciterait les entreprises à investir dans des projets ruineux. Il faut réaliser au contraire que c'est le système fiscal actuel qui augmente artificiellement le risque économique des investissements.

Il y a dans le système fiscal (et comptable) actuel une incohérence qui permet aux sociétés de déduire immédiatement leurs investissements logiciels et l'interdit aux investissements matériels ; comme si le travail intellectuel de conception d'un programme était de nature différente du travail manuel qui réalise une construction mécanique. Cette logique, au détriment du travail manuel, ne peut venir de la valeur résiduelle car il arrive souvent qu'après quelques années, un logiciel ait plus de valeur qu'un bien matériel.

Rétablir une analyse naturelle du résultat, c'est faire que pour les entreprises françaises, engagées sur l'économie mondiale, investir à l'étranger va devenir moins intéressant et que pour les entreprises internationales, le choix de l'implantation française va devenir au contraire bien plus attractif.

Cette mesure de bon sens va nous donner un avantage comparatif international et générer des emplois immédiats pour effectuer ces investissements qui génèreront par la suite une activité régulière implantée localement. Une telle mesure sera par la suite évidemment adoptée par les pays avec lesquels nous sommes en concurrence, mais nous bénéficierons en premier de ses avantages pendant tout le temps qui leur sera nécessaire pour la mettre en œuvre.

Un allégement fiscal qui génère immédiatement des emplois et dont l'État récupère le coût dans les années ultérieures.

On a vu dans le passé que les incitations fiscales à l'investissement, sous des formes diverses d'abattement, de suramortissement ou d'amortissements accélérés, avaient des effets positifs dans la mesure où l'impact fiscal était significatif (les dernières mesures prises dans ce sens étaient tellement timides qu'il était impossible d'en mesurer les effets). L'amortissement à 100% de l'investissement dans la limite du résultat annuel aura des effets bien plus importants que tout ce qui a été fait dans ce sens jusqu'à présent.

Bien qu'elle ne concerne que les nouveaux investissements, cette mesure pourrait entraîner des réticences politiques du fait de son coût immédiat. L'impôt payé par les entreprises, de l'ordre de 40 milliards par an, représente une assiette fiscale d'environ 150 milliards.

Si ce potentiel était utilisé à raison de 50% cela représenterait un investissement complémentaire de 75 milliards et si cet investissement était au 2/3 réalisé par des entreprises françaises cela représenterait de l'emploi pour 1 million de personnes.

La perte de recettes de l'État, qui serait dans cette hypothèse de 20 milliards, est un simple décalage dans le temps. Le bien étant amorti dès la première année, les années suivantes verront la base fiscale de l'entreprise s'élargir et l'État récupèrera progressivement son manque à gagner initial.

Pour que cela ne coute rien immédiatement à l'État, il suffira de supprimer l'ensemble des niches fiscales liées à l'IS. Au niveau global le bilan sera équilibré aussi bien pour les finances de l'État que pour celles des entreprises, mais on aura une bien meilleure dynamique économique.

À cette occasion, on pourrait donc supprimer toute une série d'avantages fiscaux qui, bien qu'appréciés par les entrepreneurs car ils abaissent le taux réel d'imposition des bénéfices, n'ont pas d'effets réels sur l'activité et l'emploi. L'exemple emblématique en est le CIR, incitatif à embaucher des gens très qualifiés qui n'ont aucun problème d'emploi et effet d'aubaine qui pousse les entreprises à comptabiliser en frais de recherche et développement des dépenses qui n'auraient pas été qualifiées comme telles en l'absence du dispositif.

Voilà une niche que tout le monde approuve, les entreprises parce qu'elle leur accorde une vraie aubaine fiscale et les politiques parce qu'elle leur permet de dire qu'ils travaillent pour ce concept magique qu'est la recherche.

C'est en réalité une mesure contre-productive.

En admettant qu'elle n'ait pas qu'un effet d'aubaine mais qu'elle soit incitative, alors son action serait pire car elle engagerait l'entreprise dans des dépenses inutiles. Le financement de l'invention dans l'entreprise ne résulte pas de l'argent qu'on met dans la recherche, mais de celui qu'on tire de l'innovation. C'est l'innovation espérée du projet de recherche qui va en justifier le financement. Il ne s'agit pas de développer la recherche comme le fait le CIR, mais l'innovation comme le fait la concurrence sur le marché libre.

La complexité de la mesure fait qu'elle a un coût de fonctionnement élevé, tant du côté de l'administration que du côté des entreprises, qui représente probablement presque un tiers des dépenses engagées (un conseil externe coûte environ 15% du budget recherche, les frais internes de gestion de dossier probablement 10% auquel on ajoute les frais de gestion de l'administration fiscale). La source de litiges du fait de la complexité a suscité la création de cabinets de conseils spécialisés pour traiter le côté administratif du CIR. Les emplois créés dans ces cabinets sont des emplois à haute valeur ajoutée, mais qui sont totalement improductifs au niveau national. C'est l'exemple type de valeur ajoutée non-productive, les talents qui s'y trouvent employés pourraient être mieux utilisés qu'à régler des problèmes de bureaucratie fiscale.

Les entreprises étrangères qui viennent installer des bureaux d'études compte tenu du CIR créent des emplois dans un secteur de notre économie qui ne connaît pas le chômage. Elles achètent ainsi de la technologie à prix réduit (la différence est payée par nos impôts) et vont déployer les fabrications de ces produits dans d'autres pays qui vont nous les renvoyer à coût réduit, contribuant à générer le chômage qui frappe nos salariés à faible valeur ajoutée.

La critique ci-dessus ne porte pas bien évidemment sur la recherche pure dont le financement relève d'une autre logique que celle des entreprises du marché concurrentiel.

La suppression des niches fiscales permet de compenser la perte provisoire de recettes fiscales dues à la mise en place de l'investissement déductible.

Une niche fiscale est une exception à une règle fiscale. Le but de ces niches est d'adapter la règle aux situations les plus diverses et si on poussait le raisonnement à l'extrême, chaque entreprise devrait disposer de sa niche. C'est évidemment une mission impossible qui va générer de plus en plus de bureaucratie.

Chaque niche étant susceptible d'abus, elle va nécessiter des précisions et restrictions engendrant un travail de compréhension et mise en place de l'administration fiscale et dans les entreprises. Cela crée certes des emplois de bureau mais on comprend facilement que ce sont des emplois inutiles.

Le développement des niches fiscales présente surtout l'inconvénient de rendre la fiscalité incompréhensible et donc non gérable. On ne peut plus évaluer l'impact d'une mesure tant les conséquences sont difficiles à mesurer du fait de la multiplicité des niches et de leurs restrictions. De plus elle crée une surenchère entre ceux qui en bénéficient et ceux qui aimeraient qu'on en crée pour eux : c'est une incitation au populisme brouillon.

Dans une démocratie basée sur la liberté et le consensus, les règles fiscales doivent être simples pour être compréhensibles et en nombre limité pour que chacun puisse les connaître. Une dizaine de règles fiscales sont suffisantes pour que les acteurs qu'ils soient politiques, entrepreneurs ou particuliers puissent agir en toute connaissance. La majorité des petites règles, niches, exceptions, etc. doivent être supprimées car elles relèvent d'autres considérations que celles de la politique fiscale.

L'investissement déductible est une mesure de bon sens économique qui remet en cause la doctrine comptable des amortissements.

Lorsqu'un entrepreneur engage un investissement, le système comptable ainsi que le système fiscal sur lequel il est basé, lui indique qu'il a fait un profit alors qu'il n'a pas encore récupéré sa mise. Si je dépense 1 million pour construire un pont qui va générer des recettes dans le futur, le système comptable et fiscal, considérant par exemple un amortissement sur 50 ans soit 20 000, indique que si j'ai eu des recettes nettes de charges de 50 000 euros sur une année, j'ai un résultat de 30 000 euros (donc je paierai 10 000 euros d'impôts)

La réalité est que j'ai mis un million et que j'ai récupéré 50 000 (40 000 après impôts). Je n'ai donc encore rien gagné.

Cette approche vient de ce que le système considère que le pont a encore une valeur de 980 000 euros ce qui relève d'une projection aléatoire de l'avenir. Car rien ne nous dit, ni que nous pourrions trouver un acheteur de notre pont à 980 000 euros, ni que dans les années futures, nous aurons une recette permettant à terme de couvrir le coût du pont.

La notion d'amortissement telle qu'elle est pratiquée actuellement est l'application d'un taux arbitraire, fonction de la durée d'utilisation supposée du bien sur lequel elle est appliquée. Elle est en réalité contreintuitive, mais tellement ancrée dans nos manières de raisonner qu'elle nous apparaît de bon sens.

En logique économique, l'amortissement ne devrait être basé ni sur des valeurs forfaitaires, ni sur des durées de vie, mais sur les résultats que l'investissement dégage. Ainsi, dans notre exemple on devrait avoir un amortissement de 50 000.

Plus généralement cela revient à amortir les investissements de l'entreprise à hauteur du résultat dégagé. Et si les investissements sont importants cela ramène à zéro le résultat de l'entreprise tant qu'ils n'ont pas été couverts par les recettes nettes qu'ils dégagent.

Le calcul de l'amortissement se fait en fonction du résultat global de l'entreprise. Une répartition par investissement peut être effectuée pour des raisons de gestion interne mais reste arbitraire.

Cela peut inquiéter ceux qui sont habitués à la présentation actuelle des comptes qui est plus un indicateur (utile) qu'une véritable représentation du résultat. Cela choquera aussi ceux qui pensent voir disparaître la rémunération de l'actionnaire parce qu'ils croient naïvement à la distinction entre les résultats et les capitaux propres. Notre système de résultat est basé sur le résultat annuel. C'est une vision à courte vue pour des entreprises qui visent le long terme. Le résultat comme calculé actuellement est un indicateur de la dynamique instantanée (l'année), il ne donne pas la situation de l'entreprise dans sa durée.

Dans cette nouvelle méthode, le cash-flow dégagé ne peut être distribué aux actionnaires sous forme de dividendes sur résultat, mais il peut l'être sous forme de remboursement du capital. Ainsi les choses auront une signification : la distribution étant un remboursement du capital tant que le pont n'est pas totalement amorti et une participation au résultat lorsque l'amortissement total sera réalisé.

Le mode de calcul actuel du résultat devient un simple indicateur.

La présentation des bilans suivant cette méthode apportera aux dirigeants et aux actionnaires une vision de plus long terme

En sortie de COVID, la relance publique par la consommation est absurde, c'est une relance de l'investissement qui est nécessaire.

En sortie de COVID la relance par la consommation n'est pas nécessaire, toute l'épargne accumulée par les Français va avoir cet effet naturel dès que l'offre, gelée par le confinement, redeviendra disponible.

Alors qu'une relance par la consommation n'a pas d'effet direct sur l'emploi (l'augmentation de 10% des ventes d'une entreprise ne nécessite pas 10% de travail en plus) la relance des investissements entraîne directement un besoin de travail complémentaire.

En valorisant l'investissement et en en allégeant son financement, on donne à la France un avantage compétitif. Cela pourra faire prendre conscience aux économistes qui justifient leur absence d'investissements par le manque de trésorerie, qu'il est plus facile à l'entrepreneur qui a un bon projet de trouver un financement qu'à un financier disposant de trésorerie de trouver un bon projet.

Avec la modification fiscale ci-dessus, il y aura une différence importante entre le résultat fiscal et le résultat social des entreprises. Ce n'est pas en soi une difficulté car il y a déjà des différences et on arrive à les gérer. Cependant il n'est pas inutile de s'interroger à cette occasion sur la pertinence de notre système comptable.

Cette méthode d'évaluation de nos entreprises par le résultat comptable traditionnel doit être remise en cause. Faisons la comparaison avec le compteur de vitesse d'une automobile, il est utile au conducteur, mais pour le voyageur, l'information la plus pertinente n'est-elle pas le kilométrage parcouru et l'heure probable d'arrivée donnée par nos instruments GPS modernes ?

Notre système de résultat est basé sur le résultat annuel. C'est une vision à courte vue pour des entreprises qui visent le long terme. Le résultat comme calculé actuellement est un indicateur de la dynamique instantanée (l'année), il ne donne pas la situation de l'entreprise dans sa durée.

Et si on allait plus loin…

Plutôt que de faire un résultat fiscal spécifique, pourquoi ne pas appliquer la méthode au résultat officiel des entreprises, en modifiant l'approche des comptes sociaux ?

On ne sort pas de résultat positif tant que les investissements n'ont pas été amortis la dotation d'amortissement étant égale au résultat avant amortissements.

Cela n'empêche pas les distributions qui, dans l'attente de résultat, seront considérées comme du remboursement de capital (plus ou moins fonction du cash généré).

Le mode de calcul actuel du résultat devient un simple indicateur.

Les bilans et comptes de résultat vont se trouver modifiés ainsi que le montrent des deux exemples ci-après.

Exemple n°1 — Comptabilité traditionnelle

Année	1	2	3	4	5	6	7	8	9	10	11
IMMOBILISATIONS	1000	900	800	700	600	500	400	300	200	100	0
CASH	0	0	50	400	650	750	800	800	780	760	740
EMPRUNTS	500	450	400	350	300	250	200	150	100	50	0
CAPITAUX PROPRES	500	450	450	750	950	1000	1000	950	880	810	740
RÉSULTAT BRUT	50	100	400	300	150	100	50	30	30	30	30
AMORTISSEMENTS	100	100	100	100	100	100	100	100	100	100	0
RÉSULTAT NET	-50	0	300	200	50	0	-50	-70	-70	-70	30

Exemple n°1 — Nouvelle comptabilité

Année	1	2	3	4	5	6	7	8	9	10	11
IMMOBILISATIONS	1000	950	850	450	150	0	0	0	0	0	0
CASH	0	0	50	400	650	750	800	800	780	760	740
EMPRUNTS	500	450	400	350	300	250	200	150	100	50	0
CAPITAUX PROPRES	500	500	500	500	500	500	600	650	680	710	740
RÉSULTAT BRUT	50	100	400	300	150	100	50	30	30	30	30
AMORTISSEMENTS	50	100	400	300	150	0	0	0	0	0	0
RÉSULTAT NET	0	0	0	0	0	100	50	30	30	30	30

Exemple n°2 — Comptabilité traditionnelle

Année	1	2	3	4	5	6	7	8	9	10	11
IMMOBILISATIONS	1000	900	800	700	600	500	400	300	200	100	0
CASH	0	-250	-400	-450	-450	-420	-370	-270	-170	-70	30
EMPRUNTS	500	450	400	350	300	250	200	150	100	50	0
CAPITAUX PROPRES	500	200	0	-100	-150	-170	-170	-120	-70	-20	30
RÉSULTAT BRUT	-200	-100	0	50	80	100	150	150	150	150	150
AMORTISSEMENTS	100	100	100	100	100	100	100	100	100	100	0
RÉSULTAT NET	-300	-200	-100	-50	-20	0	50	50	50	50	150

Exemple n°2 — Nouvelle comptabilité

Année	1	2	3	4	5	6	7	8	9	10	11
IMMOBILISATIONS	1000	1000	1000	1000	950	870	770	620	470	320	170
CASH	0	-250	-400	-450	-450	-420	-370	-270	-170	-70	30
EMPRUNTS	500	450	400	350	300	250	200	150	100	50	0
CAPITAUX PROPRES	500	300	200	200	200	200	200	200	200	200	200
RÉSULTAT BRUT	-200	-100	0	50	80	100	150	150	150	150	150
AMORTISSEMENTS	0	0	0	50	80	100	150	150	150	150	150
RÉSULTAT NET	-200	-100	0	0	0	0	0	0	0	0	0

On a une présentation des comptes bien plus intéressante avec des amortissements correspondant à une réalité économique et non à une fiction arbitraire. Le développement de la comptabilité autour de ce concept amène à un véritable changement d'esprit dont on ne peut détailler ici toutes les conséquences tant sur le plan des entreprises que sur celui de l'économie globale. Il faut favoriser la mise en œuvre de projets réels plus que l'investissement financier.

La modification de l'approche fiscale facilitera l'adoption d'une nouvelle approche comptable qui imposera à terme la modification des normes comptables existantes.

L'investissement déductible est-il une idée libérale ?

L'investissement déductible, approche basée sur le résultat à long terme des entreprises, va favoriser l'engagement de projets nouveaux qui, tout en créant des emplois immédiats, feront notre prospérité future.

Ce n'est pas son objectif qui en fait une idée libérale, ni l'éventuel avantage fiscal qu'il entraînerait pour les entreprises.

Le fait libéral de l'investissement déductible est d'obtenir par une mesure extrêmement simple faisant appel à la libre initiative des acteurs économiques ce que n'obtiennent pas toute une série de mesures, incitations, règlements, avantages fiscaux qui seront donc supprimés.

La sécurisation des dépôts bancaires

Il faut réformer l'organisation monétaire pour mieux protéger l'économie réelle des dérives du système financier.

Tous les dépôts en compte courant bancaire devraient pouvoir être sécurisés sans limitation de montant.

La faillite d'une banque peut entraîner pour les déposants de plus de 100 000 euros, la perte d'une partie de leurs avoirs. Ce processus dangereux transfère sur l'économie réelle les carences du système bancaire car les clients de la banque défaillante ne peuvent plus faire fonctionner leur activité de ménage ou d'entreprise.

Le système monétaire devrait sécuriser tous les dépôts en compte courant non rémunéré quels qu'en soient les montants. Lorsque le dépôt est rémunéré celui qui apporte son argent sait que les intérêts qu'il perçoit compensent le risque de perte de ses avoirs. Par contre, celui qui met son argent sans contrepartie devrait avoir la garantie du système monétaire et ne devrait rien perdre, en valeur faciale tout du moins.

Économiquement, les dépôts non rémunérés des clients sont la représentation de la dette du système monétaire à leur égard, et aucune raison économique ne justifie leur participation à la faillite des banques.

S'il n'existait qu'une seule banque, le risque d'illiquidité n'existerait pas. Le risque provient uniquement du système interbancaire quand une banque n'accepte plus de faire de compensation avec une autre qu'elle estime non solvable. La banque dont on se méfie ne trouve plus les contreparties et dépose son bilan.

La généralisation de l'utilisation des cartes de crédit permet aujourd'hui à tout le monde de comprendre que le système monétaire n'est qu'un ensemble d'écritures enregistrant pour chaque transaction la dette de l'un ou la créance de l'autre. L'argent n'existe pas, plus exactement il n'existe plus, car son utilité n'était que la représentation d'une créance.

L'utilisation d'un métal précieux était autrefois nécessaire pour faciliter les échanges dépassant le cadre local. (On peut imaginer une petite collectivité où tout le monde se connaît tellement que l'existence d'une dette n'a pas besoin d'argent ou de système comptable, la pression sociale suffit.) L'utilisation d'un billet garanti par un tiers de confiance a permis de se passer du métal précieux.

Le système monétaire n'est qu'un jeu d'écritures

Aujourd'hui un système d'écritures fiable remplace l'argent et nous comprenons enfin que l'argent n'a pas de valeur en soi, il n'est que la représentation d'une créance obtenue grâce à la réalisation d'un produit pour un tiers. Dans la pratique, pour faire des échanges, on échange un produit réel contre une écriture. L'argent a disparu et la vitesse de circulation de l'information a remplacé la vitesse de circulation de la monnaie.

Quand une personne ou une organisation génère une valeur ajoutée supérieure à sa consommation propre, cela produit un crédit en sa faveur dont le système monétaire assure la comptabilité mais n'est en rien le créateur.

En effet si la banque fait un crédit, et que personne ne génère de valeur supérieure à sa consommation, le crédit ne peut être utilisé puisqu'il n'y a rien à acheter.

Il en résulte que le crédit n'est en rien généré par le système monétaire, sauf à faire de la fausse monnaie, mais provient du système productif dit : économie réelle. C'est finalement l'investissement qui génère le crédit et non l'inverse. (Dans le cas du financement du déficit budgétaire des États par la Banque Centrale, on est en droit de s'interroger sur le caractère réel de la monnaie ainsi générée).

Sur une courte période, le crédit lui-même et la monnaie ne sont qu'une seule et même chose. Lorsque je suis payé d'un service par de la monnaie, cette monnaie est un crédit tant que je ne la dépense pas, crédit qui disparaît dès que je l'ai échangé contre une consommation.

Le système monétaire assure ensuite la gestion du crédit (donc de la monnaie) d'une part en réalisant sa comptabilisation et d'autre part en assurant sa fluidité : en garantissant les crédits, il permet une extraordinaire fluidité des échanges. Lorsque le système monétaire nous fait crédit cela veut dire qu'il inscrit ce crédit à notre compte et que nous nous engageons à le rembourser plus tard. Nul besoin pour le système monétaire d'avoir une quelconque provision d'argent. Lorsque nous dépensons le crédit que le système monétaire nous a avancé, celui-ci disparaît de notre compte, mais se retrouve sur celui à qui nous avons donné l'argent. Nulle sortie pour le système monétaire qui n'a donc besoin d'aucune réserve d'argent. La banque, ce n'est pas quelqu'un qui a de l'argent qui en prête à quelqu'un qui n'en a pas, c'est quelqu'un qui n'a pas d'argent qui en prête à quelqu'un qui va en créer par son activité.

La banque commerciale ne devrait être que le teneur du compte courant du déposant à la Banque Centrale

Pour mettre en place un système plus sécurisant, il suffit que les dépôts non rémunérés ne soient pas considérés comme faits à la banque du déposant, mais faits à la Banque Centrale.

Le client aura le choix de mettre son argent, soit en compte courant et sans intérêt à la Banque Centrale par l'intermédiaire de la banque commerciale qui fait office de teneur de compte, soit en prêt à la banque commerciale moyennant rémunération. Ainsi, ou il paie des frais de tenue de compte pour déposer son argent sans risques, ou il perçoit un intérêt pour placer son argent avec un risque.

Il n'est pas nécessaire que la banque commerciale transmette dans le détail les comptes à la Banque centrale, par contre les fonds seront bien globalement remis à la banque centrale. La Banque Centrale n'alloue pas de fonds à la banque commerciale en fonction des dépôts que cette dernière a faits pour le compte de ses clients. Pour se rémunérer les banques commerciales voudront facturer la tenue de ce compte courant « sans risques ». Le client qui ne veut pas payer de rémunération de tenue de compte peut alors se positionner sur un compte « ordinaire » qui n'est pas un compte de banque centrale.

Il est vrai que compte tenu des taux d'intérêt actuels, ce n'est pas le dépôt sur les comptes courants qui permet d'en payer la gestion, mais bien les services annexes. Et ce qui peut être présenté comme un problème de rentabilité pour les banques commerciales n'en est en réalité pas un car leur rémunération ne vient pas de l'utilisation des fonds en dépôt.

La défaillance d'une banque aura un impact plus faible sur l'économie réelle

Le risque d'illiquidité de la banque portera sur l'argent placé dans la spéculation financière, mais n'aura pas d'impact sur l'économie réelle, puisque toutes les opérations non spéculatives auront pour contrepartie monétaire la Banque Centrale.

Si la banque commerciale ne se fait pas rembourser une opération de spéculation qu'elle a financée, elle se met en difficulté qui peut l'amener en cessation de paiement. Ses seuls débiteurs seront alors des agents financiers.

La perte éventuelle de la Banque centrale dans la faillite de la banque n'a aucune incidence sur la circulation monétaire. En théorie elle se traduira dans la valeur faciale de la monnaie si les intérêts qu'elle perçoit sont insuffisants vu l'ampleur de la perte, mais cela n'entraînera pas de contagion autre qu'une éventuelle inflation sur la sphère économique réelle.

Si ce sont les autres agents financiers, il s'agira d'un jeu à somme nulle qui peut voir la perte de certains au profit d'un enrichissement d'autres.

Les agents économiques qui auront prêté avec intérêt peuvent pâtir d'une telle situation. En théorie sur longue période, l'intérêt qu'ils perçoivent doit compenser ce risque. Cela peut générer des crises locales, mais beaucoup plus difficilement une crise globale, car les fonds placés sont ceux qui ne sont pas réellement nécessaires au fonctionnement courant de l'économie réelle.

La mise en place de l'euro électronique peut-elle être une solution alternative ?

La BCE qui étudie la conception d'un e-€uro est placée devant un dilemme : si elle trouve le moyen technique de réaliser des billets de banque sous forme dématérialisée, elle supplantera les émissions de monnaies alternatives du type bitcoin mais dans le même temps elle facilitera la discrétion des transactions à laquelle sont opposés les États qui luttent contre la fraude fiscale. Cette solution ne devrait donc pas être retenue et il est plus probable que la Banque Centrale choisira un système où les mouvements seront traçables ce qui reviendra à ce que les détenteurs de cette e-€uro aient plus ou moins un compte direct à la BCE. Il est évident que cette dernière solution va aller à l'encontre des intérêts des banques commerciales puisqu'elle les sort de cette partie du système. En retenant le rôle de teneur de compte des banques commerciales, on permet une forme d'euro numérique sans supprimer l'intermédiation des banques commerciales qui a par ailleurs un rôle essentiel dans la distribution du crédit qui serait moins efficace sans la connaissance du client apportée par les opérations quotidiennes.

Il sera intéressant de voir la solution que vont retenir les Chinois en matière de monnaie électronique car ils vont se retrouver devant le même dilemme : Soit une cryptomonnaie permettant des échanges anonymes, soit une monnaie traçable permettant une surveillance centralisée des échanges. Dans le premier cas, on peut aboutir à un succès mondial de l'e-yuan, dans le deuxième cela restera un moyen d'échange local.

Pour être efficace et universel, l'e-euro crypté devra rendre anonymes les échanges sans limitation de montant ce qui nécessite que les États trouvent d'autres moyens pour empêcher la fraude fiscale.

On crée un cordon sanitaire entre l'économie réelle et le système monétaire

On a ainsi un système monétaire qui met une frontière entre les opérations *économiques* dont la transcription monétaire est totalement sécurisée en valeur faciale et les opérations *financières* dont les risques sont intégralement supportés par la communauté financière.

Concrètement, si une banque fait faillite, il n'y aura aucune conséquence sur les dépôts de ses clients, particuliers ou entreprises. La tenue des comptes de la banque en faillite sera transférée à une nouvelle banque et il n'y aura aucune contagion du fait de la défaillance financière sur la sphère économique.

Si la défaillance est due à la prise de risques non recouvrables, la banque peut continuer son activité après perte de capital des actionnaires et perte des créanciers de la banque. Ces pertes sont éventuellement diminuées de la valeur du fonds de commerce de la banque vendue à de nouveaux actionnaires.

Si on se trouve devant une crise monétaire représentant la faillite d'un grand nombre de banques, sa gestion en est facilitée par la possibilité de faire tourner l'économie de la sphère réelle. Les remboursements des dettes financières des banques sont globalement gelés mais cela va concerner peu d'entreprises ou de particuliers, il s'agit d'opérations entre organismes financiers. L'autorité monétaire va alors pouvoir apurer la situation banque par banque comme indiqué dans la gestion de la faillite d'une seule banque tout en conservant l'activité de chaque banque. Cette opération est facilitée par les plans de reprise déjà existants dans chaque banque comme l'ont mis en place ces dernières années la BCE et la FED. Toutes les banques vont pouvoir reprendre leurs activités si l'origine de leur faillite ne vient pas d'un défaut d'organisation interne, mais d'un défaut d'appréciation spéculative et le financement de l'opération est supporté par la perte du capital des actionnaires et la perte partielle ou totale des créanciers de la banque. L'économie réelle sera seulement affectée de la perte des créanciers qui ne sont pas des organismes financiers.

Cette réforme renforcera la confiance dans l'Euro

Le nouveau système s'ajustera automatiquement à la majorité des aléas, sans conséquence grave pour l'économie. La BCE pourrait promouvoir les sociétés, plus comptables que financières, qui se contenteraient de tenir les comptes courants des particuliers et entreprises sans offrir les services financiers des banques traditionnelles. La rémunération de ce nouvel intermédiaire serait peu coûteuse puisqu'entièrement électronique.

La mise en place d'un tel système diminue les aléas et facilite leur prise en charge par le marché. En rassurant tous les acteurs de l'économie réelle, il renforcera la confiance dans l'Euro et sa place comme devise mondiale.

Le compte-courant sécurisé est-il une mesure libérale :

La monnaie est la représentation d'un engagement du système monétaire envers ceux qui la détiennent. En transférant cet engagement sur les banques commerciales, on fait supporter un risque qui corrompt l'accord d'échange entre les parties. La qualité de l'échange libre est retrouvée, lorsque c'est le système monétaire qui redevient notre créancier en remplacement de l'intermédiaire plus risqué qu'est la banque commerciale.

Libérer le système monétaire

Le secteur financier relève d'un système dirigiste et est très loin de l'économie de marché

Ceux qui dénoncent les dérives de la finance se rendent-ils compte de ce que le secteur financier ne relève pas de l'économie de marché ? Que si la majorité des entreprises qui y opèrent sont des entreprises privées, elles sont pour leurs opérations sous la coupe de l'État qui décide à la fois des prix, des taux d'intérêt, et des volumes de la masse monétaire. Que cette interdépendance entre les intérêts privés et publics est délétère parce que les actions populistes que permettent les déficits publics financés par le système monétaire profitent surtout au secteur financier et expliquent l'essentiel des bulles spéculatives ?

Les politiques qui se gargarisent du caractère soi-disant souverain de la monnaie espèrent en tirer un instrument de puissance et invoquent le bien commun qu'est la monnaie dont ils contrôlent le prix et la quantité. L'histoire nous a montré de manière récurrente que leurs actions ont entraîné des désordres de tous ordres.

On attend de la monnaie que comme étalon, elle soit fiable, que comme moyen d'échange elle soit adaptée aux besoins de l'économie réelle, que comme instrument du crédit son coût soit représentatif des risques des financements. La première exigence suppose une indépendance du système, la deuxième une ouverture à l'innovation, la troisième nécessite une régulation par le marché.

La création de la BCE, voulue indépendante lors de sa création, allait dans la bonne direction, mais la pression politique des États aux budgets déficitaires voudrait lui donner une mission économique. En jouant sur les taux et la masse monétaire, la banque centrale fausse la valeur de sa monnaie qui perd de ce fait sa qualité d'étalon.

Une des fonctions de la banque est la transformation de l'épargne courte en crédit à plus long terme, c'est un phénomène qui s'équilibre naturellement globalement dans la mesure où la liquidité payée pour faire l'investissement ne peut trouver à s'utiliser tant que l'investissement ne génère pas des produits et cet équilibre se fait d'une part par le taux d'intérêt et d'autre part par l'évolution des prix des produits et des actifs.

Dans la mesure où la Banque Centrale détermine les taux d'intérêt à court terme, elle fixe la base des taux à long terme auquel se rajoutera l'estimation du coût de la variation de la valeur de la monnaie à long terme. Par ailleurs, en fixant la masse monétaire disponible, elle influence également et le taux et la valeur de la monnaie.

La régulation des besoins de crédit par le marché n'existe pas aujourd'hui. C'est la banque centrale qui fixe le prix de l'argent qui est totalement décorrélé de la situation économique. La liquidité gigantesque générée à des taux ubuesques arrange les États irresponsables, permet aux banquiers des opérations spéculatives improbables et augmente abusivement la valeur faciale des actifs.

Le taux d'intérêt dans un marché libre a un effet régulateur car il permet d'amortir les mouvements spéculatifs et du fait de l'intervention des banques centrales, cet effet n'existe plus. Au contraire, le niveau dirigé favorise la fluctuation spéculative surtout lorsque la politique monétaire des banques centrales est alimentée par leur peur des défaillances des banques les plus importantes et par les besoins de financement liés au déficit des finances des États.

La part de la valeur ajoutée du secteur financier dans l'économie aurait dû baisser du fait des gains de productivité obtenus grâce à la numérisation. Elle s'est au contraire accrue du fait des distorsions effectuées par l'État sur ce secteur. Donner à ces activités un fonctionnement libre et concurrentiel permettrait de réduire ce coût à sa valeur optimale ce qui bénéficierait à l'économie globale.

Nous avons besoin d'un circuit monétaire moderne : Il doit réguler et non diriger

Nous avons déjà vu que la monnaie est la représentation d'une créance obtenue lors d'un échange. Lorsque cette créance était constituée d'un actif réel comme l'or, on disposait de la garantie d'un actif réel qui avait cependant beaucoup d'inconvénients : Les transactions n'étaient pas pratiques et l'utilisation de l'or comme matière première faussait son utilisation comme étalon monétaire, un peu comme un thermomètre dont le fonctionnement génèrerait de la chaleur.

Enfin la quantité limitée d'or induisait des variations de valeur de la monnaie en fonction des besoins de masse monétaire de l'économie.

En abandonnant toute référence à un actif réel, la monnaie allait assurer ses trois qualités de sécurité, d'ergonomie et de valeur-étalon de la manière suivante :

La garantie de la valeur de la monnaie a été assurée par le système (in fine par l'État)

L'ergonomie a été réalisée grâce à un système d'écritures et au papier-monnaie puis aujourd'hui par l'informatique et la monnaie électronique. La numérisation des opérations monétaires nous a fait comprendre que l'argent n'était que la représentation d'une créance. L'enregistrement informatique des dettes et créances est aujourd'hui ce qui correspondait à la circulation de la monnaie d'autrefois.

La valeur étalon a été construite sur la liberté des échanges. Si les prix sont librement fixés pour chaque échange, il en résulte un ajustement global qui fait de la monnaie une valeur représentative de la moyenne des échanges.

L'absence de référence à une valeur réelle fait que la valeur moyenne de la monnaie est définie par les milliards d'opérations effectuées par les agents économiques. Cette valeur n'a de sens que sur un marché libre, sur un marché dirigé, l'indication n'a plus beaucoup de sens. Ceci explique une partie des difficultés de compréhension de l'économie lorsqu'une grande partie des prix ne sont pas libres, mais imposés par les pouvoirs publics.

La liberté des prix devient alors déterminante pour la qualité de la monnaie comme valeur de référence des échanges et cela concerne, bien sûr, non seulement les prix des produits et services échangés, mais également le prix de l'argent. Pour obtenir une monnaie fiable, le taux perçu par les prêteurs doit refléter le risque de manière à ce que les intérêts compensent les risques de perte des projets et permettent l'équilibre entre le besoin d'épargne et le financement des investissements. Fixer un taux de manière arbitraire est nécessairement une source de déséquilibre.

De même, la masse monétaire doit être déterminée par les besoins de l'économie réelle et non procéder d'un mécanisme inverse.

Ces deux valeurs, taux d'intérêt et masse monétaire doivent donc être régulés par les opérations individuelles du marché libre et le rôle de la Banque Centrale devrait donc être d'organiser le marché monétaire et non de le diriger par des interventions sur le taux d'intérêt et le volume de la masse monétaire. Le système de régulation actuel, dirigisme bureaucratique constitué de règles de plus en plus nombreuses auquel s'ajoute le pouvoir décisionnaire plus ou moins éclairé des États, doit être remplacé par une régulation qui s'appuie sur le pragmatisme de la liberté des échanges entre les acteurs économiques.

Un marché interbancaire libre

Pour obtenir un système monétaire libre, il faut que la Banque Centrale organise un large marché des capitaux interbancaires qui serait ouvert à tous les acteurs économiques. Un tel marché ne sera pas alimenté par la Banque Centrale, sauf dérive exceptionnelle du système (elle pourrait cependant l'alimenter par appels d'offres basés sur les dépôts Banque Centrale que nous proposions au chapitre précédent). Les besoins de financement sont assurés par les crédits des banques commerciales dont une des grandes qualités est de pouvoir apprécier les risques des projets des clients qu'elles financent. Si les crédits d'une banque sont exagérés, la sanction du marché tombera sous la forme d'une hausse des taux qui lui seront appliqués. Il sera cependant normal et approprié de voir une banque dynamique avec un taux supérieur à celui d'une banque très prudente. Des modèles d'entreprises différents peuvent apporter une égale viabilité économique, celui prenant plus de risques aura une activité plus importante mais devra facturer son crédit plus cher.

La mise en place de ce marché se serait, il y a quelques années après la crise de 2008, heurtée à la méfiance mutuelle des banques les unes envers les autres. La liquidité, déversée sur les marchés depuis, fait que ce ne serait plus un obstacle aujourd'hui.

Évidemment ce marché ne doit pas être la simple chambre de compensation du marché interbancaire d'autrefois. Faisant intervenir toutes sortes d'acteurs, il doit offrir les techniques de la finance moderne permettant aux banques de réguler la répartition de la liquidité entre elles. Il faut rappeler qu'il n'existe pas de problème de liquidité globale car le besoin d'une banque est nécessairement l'excès d'une autre (s'il n'existe qu'une banque, elle n'a jamais de problème de liquidité, car lorsqu'un de ses clients utilise l'argent qu'elle lui a prêté, cet argent se retrouve sur le compte d'un autre de ses clients).

La banque évalue ses clients : Si les risques sont bien évalués ils seront compensés par les intérêts perçus et si les banques financent des projets ruineux elles perdront leurs capitaux propres.

Les banques vont être attentives à leurs risques car dans le cas contraire elles savent que le marché prenant conscience de leur mauvaise gestion les acculera à la faillite. Au lieu d'un contrôle bureaucratique et politique, le suivi des banques sera effectué par le marché, c'est-à-dire par l'ensemble des acteurs économiques, dont les banques elles-mêmes qui vont se surveiller mutuellement.

La banque centrale exerce sa fonction d'organisation du système monétaire, de contrôle des banques notamment sur la clarté des informations qu'elles donnent de leurs activités, élément essentiel nécessaire au bon fonctionnement d'un marché libre.

La banque centrale pour pérenniser la sécurité du système monétaire doit être prête à organiser la reprise d'une banque en faillite en approfondissant les procédures qui existent déjà. Il faut clairement expliquer au marché qu'il n'existe pas de banque « too big to fail » et que le système est prêt à reprendre le fonctionnement d'une banque en faillite qui doit s'opérer comme suit : Les actionnaires perdent tout et la banque est reprise par une organisation ad hoc temporaire destinée à être revendue. La Banque Centrale doit donc veiller à intervenir avant que les pertes ne dépassent les capitaux propres de la banque, puisqu'en cas de faillite c'est elle qui aura la responsabilité de la perte qui sera supportée par la collectivité sous forme d'une diminution de la valeur de la monnaie.

Le taux d'intérêt et la masse monétaire seront alors représentatifs des risques et joueront le rôle de régulation qui n'existe pas aujourd'hui.

Le problème du financement du déficit budgétaire des États

La cause la plus critiquée de la perte de valeur de la monnaie était la planche à billets, c'est-à-dire le plus souvent, l'activité d'un État consistant à imprimer des billets au fur et à mesure de ses besoins sans corrélation avec ses rentrées réelles d'impôts ou autres taxes. Cette explication n'a plus cours aujourd'hui, avec l'autonomie des banques centrales et la disparition progressive des billets. Si la planche à billets n'existe plus, elle est remplacée par le déficit budgétaire, mécanisme qui perturbe l'évaluation de la valeur de la monnaie par le transfert social inclus dans les prix alliés au déficit budgétaire et au financement de celui-ci par le système monétaire.

Le problème posé par le déficit budgétaire des États reste posé, car c'est un danger résiduel pour le système monétaire. Il sera nécessaire que les États se financent directement sur les marchés et leur interdire de passer par les banques pour éviter la perturbation qu'ils exercent sur le marché monétaire libre.

L'emprunt d'un État de la zone Euro est considéré comme extrêmement sûr même si l'État a une dette considérable. Les prêteurs considèrent que l'État pourra toujours se retourner contre le contribuable qui est le véritable prêteur en dernier recours et non, ni la Banque Centrale ni l'État lui-même.

Prêter à l'État est, par nature, pour un banquier une activité sans risque pour lequel il ne lui est pas nécessaire d'exercer son rôle de contrôle de la viabilité des projets qu'il finance, alors qu'il s'agit toujours, directement ou indirectement, de financer du déficit. Une telle démarche déresponsabilise l'État et assèche le marché de financement des acteurs économiques en favorisant celui du déficit de l'État.

Le financement des États par les banques doit être remplacé par un marché de financement direct des États ouvert à l'ensemble des acteurs économiques directement ou indirectement.

Le financement de l'État doit se faire par l'impôt et par l'emprunt auprès des acteurs économiques hors banques (elles peuvent jouer le rôle d'intermédiaire sans en détenir pour leur compte propre). Le circuit fermé entre l'État, les banques et la BCE est délétère car il n'a aucun système de régulation empêchant les dérives.

Actuellement les émissions directes d'emprunts d'État sur le marché peuvent être achetées par les banques afin de remplir leurs quotas de fonds propres sécurisés, ou peuvent être remises sur le marché par ces banques pour être achetées ensuite par la Banque Centrale dans sa politique monétaire « non conventionnelle ».

Il faut absolument supprimer cette mécanique permettant aux opérateurs financiers qui financent les États de se refinancer à bon compte auprès de la Banque Centrale.

Le nouveau système monétaire

Dans ce nouveau système monétaire où la liberté des échanges assure la base de la régulation, le rôle de de la Banque Centrale est d'organiser et réguler et non de diriger, même si on doit prévoir une sorte « d'article 16 » lui permettant une intervention momentanée dirigiste en cas de situation périlleuse, soit du fait d'un défaut de conception du système, soit du fait d'une cause externe au marché monétaire.

Sa mission n'est plus de favoriser le développement économique, mais de garantir le fonctionnement correct du système monétaire. La banque Centrale ne peut avoir d'objectif de stabilité des prix, car l'inflation peut être due à une augmentation des prix ou à une baisse de valeur de la monnaie elle-même. La Banque Centrale ne pourrait jouer que sur la valeur de la monnaie, pas sur celle des prix, il est donc absurde et dangereux de lui donner une mission sur l'inflation qui l'oblige à peser sur la valeur de la monnaie pour corriger l'évolution des prix. Cette démarche étant fondamentalement malsaine parce que pour compenser une augmentation des prix consensuelle, on va altérer la valeur de la monnaie.

La banque centrale ne doit s'occuper que de la valeur propre de la monnaie, la dérive des prix est un problème de l'économie réelle, ce n'est pas un problème monétaire. La monnaie n'y joue que le rôle de thermomètre et il ne faut surtout pas altérer la qualité de la mesure qu'il donne.

Jouer sur le thermomètre ne peut avoir qu'un effet psychologique, comme si le médecin le déréglait pour redonner le moral au malade (ou pour se redonner le moral). Cela ne peut faire partie de ses méthodes thérapeutiques de détruire son thermomètre.

Un nouvel ordre monétaire

La signification de la monnaie comme valeur étalon des échanges aura d'autant plus de signification que les prix seront définis librement par les acteurs économiques. Ainsi, la mise en place de mesures de solidarités sociales doit se faire au niveau des transferts de revenus et non par la déformation des prix.

La mission de la banque centrale est de garantir l'intégrité de la monnaie, sans empiéter sur l'économie réelle, sans financer les déficits publics. Elle réglemente et assure le fonctionnement du système sans intervenir ni sur les taux d'intérêt ni sur la masse monétaire.

Le rôle de la BCE est de gérer le marché monétaire sans y intervenir quotidiennement. Elle doit définir les règles qui permettent au marché de se réguler en fonction des comportements de chacun. Il ressort de ce marché libre un taux d'intérêt qui reflète l'équilibre trouvé entre les différents acteurs. La BCE le constate et veille au respect des règles qui permettent le libre équilibre. Intervenir en permanence sur un marché bien organisé, c'est fausser son fonctionnement : L'horloger n'intervient qu'en cas de défaillance du mécanisme.

Les taux d'intérêt doivent être définis par le marché afin d'optimiser l'allocation des ressources. La masse monétaire doit être définie par les besoins de l'économie réelle et cela peut être assuré par les banques commerciales qui savent apprécier le niveau des risques de leurs clients.

Avec un marché de refinancement interbancaire accessible directement ou indirectement aux opérateurs financiers, les banques commerciales prenant des risques trop importants seront sanctionnées par ce marché qui leur réclamera des primes de risques plus élevées. Celles qui se lanceront dans des opérations spéculatives devront le faire en supportant des intérêts élevés, ce qui provoquera un assainissement du système financier.

La gestion du risque de défaillance financière relèvera progressivement plus des contraintes réelles (risques évalués par le marché) que des contraintes bureaucratiques définies par des normes.

L'enjeu est double éviter les dérives de l'État et avoir un instrument monétaire stable

La spéculation est découragée quand le prix de l'argent est à la hauteur du risque, mais aujourd'hui elle est totalement décorrélée car le prix de l'argent est nul alors que la liquidité s'accroit. La sphère financière abuse de ce système ou on emprunte pour acheter des actifs dont la valeur montera puisque la valeur de la monnaie diminue. Dans un système libre, le coût de l'argent compenserait la baisse de sa valeur, mais ce n'est pas le cas et cela alimente un détournement de valeur au profit du monde financier. Les revenus du monde réel qui, lui, ne joue pas sur la monnaie sont amputés des profits spéculatifs permis par l'absence d'un marché monétaire libre.

En donnant au marché libre la fonction de régulation, en donnant à la Banque Centrale une mission recentrée sur la qualité du fonctionnement du système monétaire, on évitera le QE aveugle qui favorise les déficits budgétaires des États et les bulles financières au détriment du financement de l'économie réelle.

Le système monétaire libre est-il une idée libérale ?

Le système monétaire est la propriété privée des politiques qui l'utilisent abusivement pour compenser leurs erreurs dans la gestion budgétaire. Il est temps d'arrêter ce fonctionnement qui spolie l'économie réelle. L'autonomie d'un système monétaire libre permet une vérité des échanges favorables au développement d'entreprises et de projets nouveaux.

La régionalisation de l'Éducation nationale

L'institution qui a forgé l'intelligence française en défendant la raison contre les croyances est au bout du rouleau. Son monolithisme, efficace au siècle dernier, se révèle impuissant dans la diversité du monde d'aujourd'hui. En abandonnant le fond de sa mission, elle fait semblant d'instruire en distribuant des diplômes. Le taux de réussite aux examens est d'autant plus élevé aujourd'hui que les élèves en savent moins qu'autrefois. L'égalité dans la réussite au bac n'a jamais été aussi grande et les inégalités des connaissances n'ont jamais été aussi élevées.

Ce qui va mal :

Les résultats ne sont pas bons : les classements PISA confirment que le niveau d'éducation de la population française est en diminution. Ceux qui ont les niveaux les plus faibles ont des difficultés de lecture, d'écriture, de calcul et de compréhension de concepts. Dans les niveaux plus élevés la culture générale et l'aptitude au raisonnement sont inférieures à celles des générations précédentes et pour presque tous, la rapidité de lecture a diminué depuis que le livre n'est plus l'instrument privilégié de l'enrichissement personnel.

Le niveau général de la population est donc faible et une grande partie d'entre elle ne peut prétendre à ces emplois sophistiqués qui sont le moyen essentiel d'élévation du niveau de vie.

On donne le baccalauréat à des élèves n'ayant pas le niveau pour effectuer des études supérieures, ce qui oblige les universités à faire soit des sélections, soit à transformer leur cursus en parcours de l'échec.

Tout le monde s'accorde pour dire que l'éducation est le véritable moteur de la richesse. Cela fait plus d'une génération que notre système éducatif est défaillant en produisant de plus en plus de diplômés de moins en moins compétents tout en gardant une proportion de jeunes sans aucune éducation.

Les causes

Toute la philosophie de l'Éducation nationale était basée sur le mérite. Il s'agissait là de reconnaître l'égalité sociale et l'inégalité individuelle. La base de la société était que la place de chacun était basée sur la performance individuelle à l'exclusion de tout autre critère. L'égalitarisme a tué cette démarche.

La doctrine égalitariste est en large partie responsable de cette situation : On a voulu donner le baccalauréat à tout le monde, mais pour y arriver sans baisser le niveau, il fallait demander des efforts dont certains n'étaient pas capables. Ce simple constat de l'inégalité humaine semblait insupportable, alors on a choisi de rabaisser le niveau pour arriver à l'égalité politiquement correcte. Une des raisons de cette situation est la mise en place de politique éducative plus basée sur l'idéologie politique que motivée par l'objectif pédagogique. De manière erronée on recherche l'égalité dans l'instruction avec des dérives souhaitant le bac pour tous, puis la fac pour tous, puis bientôt l'ENA pour tous. Pour ce faire on baisse le niveau d'exigence, on a baissé le niveau des sciences sur l'idée toute faite que ce serait trop pénalisant pour les filles, on a baissé le niveau grammatical et orthographique, soi-disant trop pénalisant pour les classes sociales défavorisées, on fait des rattrapages dans tous les sens permettant aux meilleurs d'avoir plus de 20/20 et aux plus mauvais d'avoir 10 et en ôtant toute signification aux notes on crée des jeunes sans repères.

La notation rigoureuse c'est ce qui permet aux jeunes de milieu défavorisé d'emprunter l'ascenseur social. Quand la note a un sens, alors l'élève qui a de bonnes notes sait qu'il aura un parcours d'exception et sera motivé pour progresser. Si la bonne note n'est représentative de rien, alors il est absurde de faire des efforts pour l'obtenir car elle n'est plus la promesse d'un avenir.

Le système centralisé oblige à une organisation très bureaucratique où les décisions sont prises au sommet ce qui ne permet pas une adaptation au terrain et ne favorise pas les initiatives. L'égalitarisme est également une contrainte pour le corps enseignant dont tous les membres doivent être traités selon des critères « objectifs » sans tenir compte des capacités, des difficultés ou des aspirations individuelles.

Le système immobile

Avec une machine bureaucratique aussi énorme, il est impossible de faire évoluer le système, qui devient la propriété de la pensée majoritaire. Face au constat d'échec, le corps enseignant se recroqueville en défense, ne veut pas de remise en cause et botte systématiquement en touche en invoquant un manque de moyens en contradiction avec la réalité.

La force de résistance du corps enseignant vient de sa taille : plus grande corporation de la République il peut sans vergogne refuser de voir la réalité en face parce que sa capacité de nuisance est immense face aux politiques envisageant de le réformer. Cette situation est absurde parce que ce ne sont pas les enseignants qui sont mis en cause, mais seulement l'organisation qui ne permet pas de mettre en valeur leurs capacités individuelles. Ne sachant pas de quoi demain sera fait, ils ne veulent pas toucher cette organisation qui leur maintient un existant médiocre mais garanti.

Confier l'Éducation nationale aux régions

L'Éducation nationale est trop grosse et il faut la fractionner : Le plus efficace pour utiliser nos institutions serait de déléguer complètement le système éducatif aux régions avec une vraie délégation de pouvoir, non pas comme actuellement le soin d'en assurer l'intendance, mais une responsabilité comportant les programmes, les méthodes, les ressources humaines. Tout ceci serait décidé non par l'Assemblée nationale, mais par chaque Assemblée régionale qui serait dotée par l'État d'un budget correspondant au nombre de ses élèves.

Ce serait donc aussi une vraie révolution pour les régions puisque pour la première fois elles auraient un pouvoir réel alors qu'elles n'ont aujourd'hui qu'une délégation du pouvoir de l'État. Elles n'ont que l'apparence du pouvoir, elles ne sont que les intendants d'un domaine de l'État et leur incapacité constitutionnelle à changer les choses explique le désintérêt des électeurs pour ce qui n'est qu'une mascarade. Il est certain que dotées de la responsabilité d'organiser l'éducation, les régions vont susciter un intérêt formidable des électeurs qui fera oublier le taux d'abstention constaté dans les dernières élections régionales.

Car le pouvoir éducatif n'est pas dans la répartition de l'argent public, mais dans les actions qui sont entreprises avec cet argent. Les régions choisissant, le mode de fonctionnement de l'enseignement, le mode de recrutement ou de formation des professeurs, les moyens permettant d'arriver au niveau d'enseignement souhaité, le temps de travail des élèves et des professeurs, les temps consacrés aux matières, le mode d'organisation des écoles, etc.tous sujets qui devront être décidés par la représentation régionale qui aura la responsabilité d'amener ses élèves au meilleur niveau. D'aucuns vont s'inquiéter de confier une telle responsabilité à de simples élus régionaux, mais ils sont eux très près du terrain et, avec une vision pragmatique, ils ne pourront faire plus mal que l'absence totale de résultats de l'Assemblée nationale depuis des décennies sur ce sujet. Ils seront motivés par la nécessité de faire aussi bien sinon mieux que les autres régions.

Une vraie décentralisation

Une telle politique permettrait d'aboutir à une vraie décentralisation des pouvoirs que ne fait pas la soi-disant régionalisation. Le pouvoir politique c'est celui qui permet de changer les règles. Le conseil régional n'a pas actuellement ce pouvoir et ne fait qu'appliquer un système décidé par l'État central, la région n'est que la colonie de Paris et pourrait être dirigée tout aussi efficacement et en réalité bien mieux par quelques hauts fonctionnaires. Il n'y aura efficacité des régions que quand elles pourront changer les règles, faire en sorte qu'une région puisse être différente d'une autre, alors de leurs différences apparaîtront des fonctionnements meilleurs que d'autres dont l'imitation progressive permettra l'amélioration de toutes.

Le ministère de l'Éducation nationale aura encore un rôle d'organisation et de contrôle de la réalisation des objectifs d'éducation nationale fixés par la représentation nationale, mais les régions auront le choix et la liberté des moyens dans le cadre des budgets qui lui seraient donnés au prorata du nombre d'élèves. Le ministère pourrait continuer à organiser un baccalauréat national qui permettrait de comparer la qualité de l'enseignement effectué par les régions et redeviendrait la porte d'accès aux universités.

La délégation des moyens de l'enseignement sera la vraie régionalisation en contre-pied de l'apparence de décentralisation, faite jusque-là, qui n'a rien apporté au pays, sinon de créer les moyens de faire grossir le personnel politique en lui offrant des fonctions de représentations payées, mais vides de contenu.

Ce n'est pas la taille d'une administration publique qui en fait la qualité. Il est cependant certain qu'il y a une taille minimum sans laquelle les moyens pour organiser l'éducation seront disproportionnés et que certaines régions seront trop petites pour l'assurer correctement sans s'associer ou se rattacher à d'autres. Les exemples à l'étranger ne manquent pas pour nous montrer qu'un système éducatif de qualité peut être réalisé dans le cadre d'une population de quelques millions de personnes.

L'Estonie, qui a à peine plus d'un million d'habitants est le meilleur pays européen dans le classement PISA et nous montre qu'il n'est pas nécessaire d'avoir une grande taille pour mettre en œuvre un bon système éducatif. Beaucoup de pays de taille similaire au nôtre (Allemagne, Royaume-Uni, Canada …) ont des systèmes plus ou moins décentralisés à l'opposé de notre monolithisme.

Un souffle nouveau

Le choix des moyens délégués aux régions va apporter un souffle nouveau à l'enseignement. Si dans un premier temps, certaines régions vont se contenter de perpétuer le système existant, petit à petit, des organisations nouvelles vont apparaître et les plus performantes d'entre elles seront finalement imitées par les autres.

Dans l'organisation des établissements d'enseignement, certaines régions garderont un système centralisateur, mais d'autres voudront avoir une décentralisation des décisions sur les établissements. Certaines privilégieront l'enseignement public alors que d'autres feront plus appel à une organisation privée. (Il ne faut pas assimiler l'école privée à l'école libre, comme on le fait abusivement, car on peut avoir des écoles privées fonctionnant sous un régime de décisions bureaucratiques centralisatrices, et tout aussi bien avoir des écoles publiques dont les moyens d'enseignement ont un degré de liberté élevé au niveau de l'établissement). Certaines pourraient décider de donner plus d'importance à certaines matières, d'autres en délègueraient le choix aux écoles mêmes. Certaines choisiront d'imposer des méthodes pédagogiques que d'autres refuseraient. Certaines voudront une école publique unifiée alors que d'autres donneront plus de liberté aux établissements. La réalité est que, bien plus près du terrain et conscients de l'enjeu pour leurs électeurs les politiques vont avoir un poids énorme dans le management de l'École publique et seront d'un poids suffisant pour réorienter ce qui sera devenu une cohorte de petits mammouths.

Un tel système va montrer que certaines écoles vont être plus performantes que d'autres, les moins performantes pour éviter de disparaître parce que personne ne voudrait y mettre ses enfants vont copier les recettes des plus performantes ou tout simplement leur gestion sera reprise par les écoles les plus performantes. Chaque professeur aura l'occasion d'avoir des initiatives dans le cadre de son école et l'éducation pourra évoluer d'une manière vivante alors qu'aujourd'hui elle est étouffée par un système unique.

Il n'y aura pas de recette unique, mais de la diversité naîtra une efficacité globale, certaines écoles pourront réussir aussi bien que d'autres mais avec des méthodes différentes. Peu importe que ce soit basé sur les programmes, la sélection ou non des professeurs, la sélection ou non des élèves, la méthode de travail, etc.. À terme, les politiques des régions les moins performantes en matière d'éducation seront sanctionnés par les électeurs et les écoles non performantes ne trouveront plus d'élèves et devront disparaître.

Un plus grand espace de liberté

À cette efficacité de l'école s'ajoutera la liberté nouvelle des citoyens dans le choix de l'éducation donnée aux enfants. Si un mode d'éducation ne leur plaît pas, ils auront la possibilité de trouver un établissement plus proche de leur souhait, ce qui aujourd'hui n'existe absolument pas puisque c'est une majorité qui décide pour tous contre l'avis des minorités.

On voit déjà que les meilleures écoles sont celles à qui on a laissé un peu de liberté : Elles sont encadrées dans les programmes, mais pas dans leurs méthodes et ce degré de liberté suffit à leur donner plus de performances, même si la performance affichée par certaines ne relève que d'une sélection au niveau des élèves.

Doit-on d'ailleurs critiquer la sélection des élèves ? Après tout, elle est bien dans la tradition républicaine du mérite. C'est elle qui permet le brassage social qui assure la cohésion d'une société. L'inégalité par le mérite est finalement considérée comme égalitaire.

Dans un système éducatif libre, où la volonté des parents de mettre leurs enfants dans les meilleures écoles se confronte à la volonté des écoles de recruter les meilleurs élèves, se constitue un incitatif à la performance des élèves et à la performance des écoles. C'est un système dynamique, pouvant être stressant aussi bien pour les élèves que pour les professeurs, mais préparant mieux à la réalité d'une vie responsable que la paresse et le laisser-aller du système actuel.

Au niveau des élèves, la méthode d'inscription dans un établissement sera fixée par chaque région qui pourra substituer aux règles actuelles celles de son choix.

Au niveau des professeurs, les conditions de travail étant fixées par région, on aura nécessairement des différences entre les régions, voire entre les établissements. En conséquence, ceux qui ont des conditions de travail difficiles vont voir leur rémunération augmentée, alors que d'autres préfèreront un salaire inchangé pour des conditions de vie plus agréables. Il en ressortira une meilleure satisfaction des enseignants sur leur travail.

Il y a des espèces en voie de disparition, il n'est pas nécessaire de les sauver toutes, il vaut mieux les aider à s'adapter.

Claude Allègre avait parlé du mammouth pour caractériser à la fois son caractère de masse inamovible et son aspect inadapté d'espèce en voie d'extinction. Le sauvetage de l'Éducation nationale demande une restructuration lui permettant d'accomplir, conjointement avec les familles, le rôle essentiel de formation de nos enfants qui feront la base de la civilisation de demain : Une capacité de jugement lucide, des connaissances fondamentales, le goût de la responsabilité et le plaisir de la libre rencontre.

La régionalisation de l'Éducation nationale est-elle une idée libérale ?

Mettre du libéralisme dans l'éducation nationale, ce n'est pas en privatiser les moyens (on a vu que les écoles privées ne sont pas nécessairement des écoles libres), c'est avoir un système où il y ait suffisamment d'acteurs pour que des initiatives puissent émerger, que des choix existent et finalement que les meilleures solutions puissent servir d'exemples aux autres.

Écologie libérale

Au fur et à mesure que la population humaine augmente, sa pression sur l'environnement nous semble de plus en plus pénible et nous prenons conscience que nous sommes la pollution. Nous pouvons rêver à des politiques malthusiennes qui ramèneraient la population terrestre à moins d'un milliard d'habitants : On peut craindre que la création de ce merveilleux Eden se fasse dans des conditions inhumaines.

Lorsque les effets secondaires de l'activité humaine sont devenus néfastes pour son existence au point de menacer sa survie, l'écologie a pris une importance politique considérable au point de devenir une idéologie tout autant qu'une science.

Bien que l'Histoire nous ait appris que les « lendemains qui chantent » imposés par des minorités doctrinaires génèrent des catastrophes humaines, la quasi-totalité des écologistes veulent remédier à la dégradation de l'environnement par la morale et la contrainte, la Raison écologique se substituant à la Raison d'État. Ne reconnaissant que la raison tout court, l'homme libre doit construire une autre voie.

La démarche libérale sera la plus efficace, celle qui va construire une règle qui laisse la meilleure part aux initiatives individuelles et évite la multiplication des directives qui entravent l'initiative et détruisent la responsabilité.

Examinons simplement ce que serait une approche libérale en examinant comment elle pourrait répondre aux trois défis écologiques qui peuvent être considérés comme les plus préoccupants : Le réchauffement climatique, l'énergie nucléaire et la croissance des déchets.

Le réchauffement climatique

Nous ne voulons pas ici discuter ni du bien-fondé des prévisions les plus pessimistes des experts, ni de l'improbable possibilité d'avoir une réponse politique au niveau mondial, sans laquelle les solutions risquent d'être vaines. Pour montrer l'efficacité d'une approche libérale, nous nous plaçons arbitrairement dans l'hypothèse théorique où le réchauffement dû aux gaz à effet de serre va entrainer à relativement court terme une catastrophe pour l'Humanité et où tous les pays engagent immédiatement les actions les plus efficaces possibles.

L'action libérale du pays pourrait être la suivante :

Instauration d'une taxe carbone dont le coût serait égal à celui de l'élimination industrielle du CO_2 (ou équivalent CO_2) dans l'atmosphère. Actuellement on estime que les procédés existants pourraient être développés si on acceptait de supporter un coût d'environ 100 euros par tonne (Dans le pire des cas, cela pourrait être 200 euros, ce qui ne change pas le raisonnement).

L'État rachèterait donc le carbone issu des systèmes industriels de décarbonisation (pas celui venant du cycle naturel) au prix de 100 euros la tonne de CO_2 dont il est issu et taxerait à 100 euros la tonne le CO_2 généré par les systèmes industriels.

Ce coût comprendrait le stockage du carbone ou la recette tirée de sa réutilisation industrielle.

Un tel système renchérit de manière forte les produits émetteurs de CO_2 mais le rachat du carbone incite les entrepreneurs à décarboner ces produits en premier lieu avec les technologies existantes mais surtout en en développant d'autres plus efficaces leur permettant de dégager des marges plus importantes. Très rapidement grâce aux libres initiatives qui vont se multiplier, car il y aura une ruée vers l'or carbone si on accepte d'en payer le prix, le monde va se décarboner sans bureaucratie et directives complexes.

Il y aura un coût énorme, mais finalement bien inférieur à celui des milliers de procédures qu'un monde écologiste dirigiste devrait imposer pour arriver au même résultat. Aujourd'hui tout le monde préconise des mesures en omettant systématiquement de dire le coût qu'elles entraînent car tout le monde est écolo mais peu de gens acceptent une diminution de niveau de vie telle que le litre d'essence soit augmenté d'un euro qui est le coût pour retraiter le CO_2 qu'il émet.

Quel est le coût global ?

Si on prend un objectif de traitement en France de 500 millions de tonnes de CO_2 on arrive à un coût annuel de 50 milliards ce qui n'est pas très élevé. Sur un produit intérieur de plus de 1 500 milliards il n'y a pas de quoi paniquer (travaillons 39 heures au lieu de 35 et on sauve la planète).

Alors qu'attendons-nous pour faire une mesure simple et efficace qui laisse libre initiative à tous plutôt que dépenser du temps et de l'argent à faire de multiples directives rigides inefficaces et coûteuses et être empoisonné par une nouvelle bureaucratie ?

La bourse des quotas concoctée par la bureaucratie écolo-financière a été un flop parce que ce système ne voulait rien régler au fond : on a commencé par légaliser les nuisances en basant les quotas sur l'existant dans le but d'empêcher leur développement. Mais comme ce développement était limité par d'autres mesures, la valeur du carbone ne pouvait que baisser et en conséquence n'avait aucune incidence.

Même si on avait basé les quotas sur un montant de carbone inférieur à l'émission existante, la tendance aurait été nécessairement à la baisse de son prix au fur et à mesure de la diminution des émissions : Plus la mesure était utilisée, moins elle était incitative.

Nul besoin de contraintes, juste la mise en œuvre d'une seule taxe et la production de Gaz à Effet de Serre va baisser à vitesse grand V. On supprime les aides, la bourse des quotas, les multiples lois et décrets et on ouvre la voie aux initiatives qui vont aller naturellement (tel l'effet de la main invisible des systèmes auto-régulés) dans les procédés de décarbonisation et dans une orientation libre et naturelle vers les solutions les moins génératrices de GES.

On sait traiter le CO_2 en sortie des centrales thermiques et, avec la taxe, des inventeurs un peu malins vont chercher à mettre au point des équipements capables de traiter le CO_2 à la sortie des chaudières individuelles.

Quant à l'argument qu'on ne peut mettre en place cette taxe dans un pays ou un groupe de pays, sans compromettre leur compétitivité internationale, il ne tient pas si on la fait fonctionner comme la TVA qui ne pénalise jamais les exportations. Il n'est pas nécessaire ici de rentrer dans des détails d'intendance.

Le cycle écologique

L'approche ci-dessus a consisté à introduire un mécanisme tel que les GES soient recyclés. Il faut étendre cette méthode à l'ensemble des déchets générés par notre activité. La taxe équivalent carbone devient une taxe de recyclage pas seulement basée sur le principe du pollueur payeur mais surtout par la constitution d'un revenu pour le dépollueur. On va prendre deux exemples pour comprendre la mise en place du système, le plus simple à mettre en œuvre concerne l'énergie nucléaire, le plus complexe étant les produits de consommation.

Le cycle écologique de l'industrie nucléaire

L'industrie nucléaire génère spécifiquement deux types de nuisances, d'une part les déchets nucléaires qui sont produits de manière permanente, et d'autre part les accidents nucléaires.

La majorité des déchets nucléaires ne sont pas traités. EDF passe une provision dans ses comptes pour le traitement futur. Cette provision atteint des montants considérables dont personne ne sait s'ils sont suffisants. Dans le bilan d'EDF, il y a 80 milliards de provisions qui peuvent apparaître comme sa principale source de financement. L'État et EDF n'ont aucun intérêt à traiter ses déchets sur ses provisions car il lui faudrait trouver des financements pour ses investissements. Une partie de ces fonds est bien affectée à des actifs mobilisables, mais sous forme de placements financiers qui indirectement dans le flux du circuit monétaire vont alimenter la dette d'EDF ou de l'État.

Si EDF payait réellement une taxe de recyclage au lieu de passer une provision, que cette taxe n'aille pas dans le budget de l'État mais dans celui d'un organisme qui le reverserait aux entreprises de dépollution, nous aurions alors la constitution d'un cycle écologique permettant le traitement des déchets nucléaires. Le prix du kWh nucléaire par rapport à ses alternatives en serait clarifié.

Le coût des accidents nucléaires n'est pas intégré dans le prix du KWH généré par les centrales. Il est très difficile à intégrer puisqu'aucune compagnie d'assurance n'a la capacité de les couvrir. On peut estimer le coût d'une catastrophe entre 300 et 3000 milliards (le coût de Fukushima serait estimé à 600 milliards). Si on extrapole le nombre d'accidents survenus compte tenu du nombre de centrales, on obtient une probabilité moyenne d'un accident en France tous les 150 ans ce qui est à la fois relativement faible et terriblement inquiétant. On ne va pas se focaliser sur les chiffres qu'on peut discuter à l'infini mais sur le fait que, quel que soit le coût, il devrait être reflété dans le prix. Il faudrait qu'EDF paie une prime d'assurance de l'ordre de 10 milliards par an pour couvrir ce risque (cela représente environ 2 à 3 centimes d'euros par KWH).

Même si on ne sait pas constituer un actif de remplacement en cas de catastrophe nucléaire, la logique du marché libre impose de faire supporter à cette énergie son prix du risque car cela aura deux effets positifs, d'une part en donnant un prix vrai face aux autres énergies et d'autre part en poussant les électriciens à concevoir des centrales plus sures afin de diminuer leur risque.

Il est probable qu'avec un prix représentatif de leur coût réel, les centrales nucléaires verront leur avantage économique diminuer, mais si cela leur permet de financer en contrepartie un avantage qualitatif en arrivant à une conception plus sure d'au moins un facteur 10 (un accident en France tous les 1500 ans serait bien plus acceptable qu'un tous les 150 ans), alors elles trouveront une place non contestée dans le mix énergétique. Avec un prix de vente du kWh sur un marché libre représentatif de son vrai coût, on pourrait inciter les industriels du nucléaire à faire une révolution dans leur modèle économique en jouant leur survie sur la qualité de la sécurité et non sur la compétitivité de leurs tarifs.

L'expérience de l'EPR de Flamanville montre une explosion des coûts d'investissements plus dus à un dérapage des coûts de développement qu'à une augmentation de la sécurité. Les améliorations que cette nouvelle génération de centrales nucléaires apporte ne changent pas fondamentalement les risques de cette technologie.

Le cycle écologique des produits de consommation

Inclure dans le prix des produits leur coût de recyclage est une opération trop complexe pour être généralisée. Si on veut faire une taxe en fonction des composants inclus dans le produit cela oblige à avoir une comptabilité matière complexe et donc suscitant les fraudes.

Le seul moyen efficace semble être de faire payer les déchets par l'utilisateur final, non pas de manière forfaitaire, mais de manière proportionnelle à la quantité émise. Il faut généraliser les expériences de paiement du traitement des déchets au poids qui est la meilleure manière d'impliquer les consommateurs. L'organisme collecteur doit assurer le recyclage des produits et être payé en conséquence. Les produits dont le coût de recyclage est supérieur à un certain prix doivent se voir taxés directement sur le fabricant ou l'importateur afin de pouvoir être recyclés plus tard dans des centres spécialisés.

L'approche libérale de l'écologie

On se plaint de la multiplication des règlements et des taxes, mais quand les contraintes qu'elles engendrent ne pèsent que sur une partie de la population, nous assistons alors à une explosion sociale, due à un couplage des sentiments de contrainte et d'injustice. Ce fut le cas de la réaction des gilets jaunes moins due au fait de la limitation de la vitesse ou à l'augmentation des taxes qu'au fait que cela ne concernait qu'une catégorie de la population.

Il sera toujours plus efficace de prendre une mesure généralisée que des centaines de mesures ne concernant chacune qu'un groupe de personnes. Une taxe carbone appliquée à tout le monde suscitera moins de réactions négatives que si on ne l'applique qu'à certains. De plus, alors qu'une mesure généralisée peut être légitimée par un vote populaire, ce n'est évidemment pas possible pour chacune des centaines de décisions, même votées par nos élus, qui du coup sont ressenties comme arbitraires.

La monétarisation des nuisances permet d'avoir une comparaison des avantages et inconvénients des différents systèmes énergétiques. Cette monétarisation permet d'effectuer le recyclage en ayant moins de contraintes, et plus de liberté, moins de règles bureaucratiques et plus de créativité et fait appel à la responsabilité individuelle non en tant que règle morale mais comme une démarche pragmatique. Rien n'empêche qu'un particulier préfère investir dans un chauffage géothermique plutôt que dans l'isolation trop couteuse de sa vieille maison de campagne qualifiée de passoire thermique. Rien n'empêche qu'un autre préfère utiliser une éolienne plutôt que des panneaux solaires, son choix résultera de son raisonnement et non de règles ou de subventions décidées par des choix plus politiques que rationnels.

Supprimons l'écologie punitive, morale et inefficace et développons l'écologie libérale.

L'écologie peut-elle être libérale ?

L'Écologie ne doit pas être un dogme, une religion ou une idéologie qui finisse par nous asservir avec ses dévots, zélotes et leurs autres camarades. Devant les défis de la globalisation des risques, nous devons apporter une réponse qui conserve notre libre arbitre et évite le totalitarisme bureaucratique. Nous devons construire un monde d'hommes responsables et peut-être vaudrait-il mieux que la Terre disparaisse plutôt que d'être transformée en une gigantesque fourmilière. Avec l'Écologie libérale, favorisons une politique de responsabilité et évitons les contraintes multiples qui nous asservissent.

Quelles réformes pour les retraites ?

Le système de retraites, qui ne devrait être que l'épargne faite durant nos années d'activité pour subvenir à nos besoins pour notre vieillesse, est devenu d'une telle complexité que tout s'y mélange et qu'il devient impossible de faire un ajustement localisé sans perturber d'autres parties du système.

Le système des retraites assure à la fois pour les cotisations de retraite une fonction de redistribution de l'épargne des actifs vers les retraités, une fonction de mutualisation permettant de garantir les pensions quelle que soit la durée de vie de chacun et une mission de solidarité envers ceux dont les cotisations passées ne permettent pas de leur assurer une pension décente. Pour décider de l'organisation de toutes ces missions, on fait intervenir les bénéficiaires, les syndicats de travailleurs, les syndicats patronaux, et l'État lui-même au travers de la représentation nationale, du gouvernement, et des fonctionnaires. Il y a des négociations de plus en plus nationales et centralisées, alors même que les systèmes sont multiples, rattachés à des activités différentes, suivant des régimes disparates. On ne doit pas s'étonner de l'impossibilité de manager cette usine à gaz.

La constitution de ce gloubi-boulga a été permise par une mauvaise pratique de la retraite par répartition. Ce n'est pas parce que dans une retraite par répartition, la pension des retraités moins nombreux est payée par les cotisations des actifs plus nombreux, qu'il fallait permettre aux retraités de toucher en moyenne plus qu'ils n'avaient cotisé : le système en devient nécessairement déséquilibré à terme en fonction des variations démographiques.

La disponibilité d'un surplus qui n'a pas été capitalisé en vue de l'avenir a entrainé deux autres dérives :

Il a permis de financer des missions de transferts sociaux qui ne devraient pas relever des cotisations retraites mais du budget de l'État au titre de la Solidarité nationale

Il a permis de ne pas faire supporter la réalité du coût des retraites à certaines entreprises ou activités ce qui a généré une perturbation du mécanisme de marché. Cela s'est traduit ensuite à la fois par la prise en charge par l'État de charges relevant des cotisations retraites et à certaines entreprises d'allouer à leurs salariés des avantages retraites sans qu'elles en supportent la charge.

Tout ceci a amené le désordre et la confusion qui règnent aujourd'hui dans le système des retraites. Un système démocratique libéral ne peut fonctionner correctement que dans la clarté des échanges libres qui justifient la responsabilité. C'est cette clarté qu'il faut rétablir.

La pension de retraite que nous allons percevoir est supérieure aux cotisations qui ont été versées.

Beaucoup croient que les cotisations que leurs employeurs ou eux-mêmes ont payées pour leurs retraites ne leur seront jamais totalement reversées et qu'ils auraient mieux fait de les épargner directement. Rien n'est plus faux, toutes ces cotisations sont en réalité un placement profitable.

Pour un salarié du privé qui prend sa retraite à 62 ans après 40 années de cotisation, le point ARCO a coûté 22 euros en cotisations salariales et patronales et donne droit à 1,27 euro durant ses 23 années d'espérance de vie, soit environ 29 euros. Ce gain est de 25 % inférieur à celui obtenu sur les retraites de base, elles-mêmes moins avantageuses que celles du secteur public.

L'origine de ce miracle financier vient du système de répartition fait à une période où le nombre de retraités était très faible par rapport au nombre d'actifs. Posant nécessairement des problèmes à terme, ce système a été imposé par les syndicats au motif que le futur déséquilibre actifs/retraités serait compensé par la croissance de la productivité du travail.

Contrairement à ce qui est souvent avancé, ce n'est pas l'évolution de la natalité, dont l'impact peu important a été compensé par l'immigration, qui a rendu la situation intenable, mais trois autres raisons :

La diminution du temps de travail (et notamment les 35 heures) a ruiné le gain de productivité espéré.

L'allongement de l'espérance de vie a dépassé toutes les prévisions.

Le choix du traitement social du chômage a entraîné une diminution des cotisations.

Il faut distinguer ce qui relève de la prévoyance retraite de ce qui relève du transfert social.

Il faut sortir du système de retraites les transferts sociaux relevant de la solidarité nationale envers les personnes âgées et non d'un système de cotisation. Ces dépenses de solidarité doivent être payées par l'impôt, notamment la CSG, alors que les cotisations retraites sont payées par le travail de chacun.

Ainsi une retraite précoce obtenue du fait du nombre d'enfants relève du transfert social et non de la cotisation retraite. De même le système de réversion veuve pouvait se justifier lorsque la femme au foyer était le modèle familial majoritaire mais il n'a plus aucun sens aujourd'hui et devrait être supprimé et remplacé par une cotisation facultative au profit nominatif du conjoint.

Les transferts sociaux permettant des soutiens à la vieillesse de ceux dont les hasards de la vie n'ont pas permis de se constituer une retraite minimale relèvent du budget de l'État. Ils sont financés par l'impôt et doivent être évidemment fixés par la représentation nationale.

Ces soutiens à la vieillesse pris en charge par la collectivité nationale seront naturellement réservés à ses membres, rien n'empêchant les employeurs de travailleurs étrangers de souscrire des garanties particulières à des caisses spécifiques.

Le taux de cotisation doit refléter les avantages de retraite obtenus

En moyenne le total des cotisations retraites versées au cours des années actives d'un individu devrait être égal, en euros constants, au montant des retraites à provisionner lors de son départ en retraite compte tenu de son espérance de vie.

Si certains bénéficient d'avantages retraites particuliers, du fait de conditions particulières à leur métier ou par choix contractuel il est nécessaire que le coût en soit répercuté au niveau des cotisations qu'elles soient patronales ou salariales.

La pénibilité de certains métiers justifie une dépense supplémentaire des entreprises permettant le financement d'un départ en retraite plus tôt.

Cette règle permet de ne pas engendrer une mauvaise évaluation des coûts des uns par rapport aux autres.

Par exemple, nominalement le conducteur SNCF est payé 50% de plus que l'agent de gare, alors qu'en réalité économique il est payé 100% de plus si on tient compte de ses avantages retraites en termes d'âge de départ et d'années de cotisation. Il n'est pas question ici de contester la validité de ces rémunérations qui relèvent de l'accord entre les parties, mais de souligner que la représentation qui en est faite dans les comptes est mauvaise.

Il faut supprimer la cotisation patronale en l'intégrant dans la cotisation salariale et en augmentant d'autant le salaire brut versé par les employeurs pour que le salaire net reste identique.

La distinction totalement arbitraire entre cotisations salariales et patronales nous empêche également d'avoir une vision claire. La part patronale devrait être fusionnée avec la part salariale en augmentant d'autant le salaire brut. Ces deux cotisations sont une rémunération différée qui n'appartient qu'au salarié. En calculant ainsi et en répercutant sur le salaire brut la réalité des retraites dont va effectivement bénéficier le salarié, ce salaire brut aura une vraie signification.

Un agent du public partant en retraite avec une pension de 75% de ses derniers salaires bénéficie d'un avantage sur un salarié du privé représentant environ 20% des salaires qu'il a perçus durant sa carrière. Cela veut dire par exemple qu'un professeur des écoles ayant un salaire brut de 2750 euros est l'équivalent d'un salaire du privé de 3300 euros si on tient compte de la valeur de son avantage retraite. Si les salaires bruts tenaient compte de la vraie valeur des cotisations salariales et patronales, tout le monde y verrait plus clair.

Si le coût réel des régimes particuliers est bien supporté par les entreprises concernées, peu importe que certains partent avec une retraite de 50% et d'autres de 100%, cela restera de l'accord contractuel entre salariés et employeurs. Il n'est pas nécessaire d'avoir un système unique, l'important est que les cotisations versées correspondent aux retraites futures perçues, ces dernières devant être supérieures aux minima légaux afin de ne pas augmenter abusivement les dépenses de solidarité vieillesse payées par les impôts.

Le système de répartition n'empêche pas d'avoir un calcul de cotisations où statistiquement chacun récupère sous forme de retraite les montants qu'il a cotisé de telle sorte qu'une injustice entre générations ne puisse apparaître.

En ayant retiré du système de retraites ce qui relève de la solidarité vieillesse, en gardant des régimes spécifiques contractuels entre travailleurs et entreprises, un ajustement des cotisations restera nécessaire.

À titre d'exemple, un système de cotisation calculé sur une base de 43 années de cotisations, de 22 années de retraite à 50% du salaire moyen net, demande une cotisation de 21% (du brut). Les cotisations actuelles du secteur privé sont de l'ordre de 16%, il manque environ 5% pouvant être financés par une augmentation du temps de travail de 2 heures par semaine.

Au niveau du secteur public, l'intégration dans le salaire brut des cotisations retraites payées par l'État au niveau réel permettant de couvrir les futures retraites permettra une vraie comparaison des rémunérations du privé et du public afin de discuter objectivement des ajustements éventuels des temps de travail.

Il faut rappeler aux actifs actuels et futurs que durant les « trente glorieuses » beaucoup travaillaient 100 000 heures au cours de leur vie avec une espérance de vie de 65 ans, alors qu'avec le système actuel la majorité ne produit plus que 50 000 heures avec une espérance de vie de plus de 80 ans.

Le système actuel des retraites, confus et pervers, ne fonctionne plus et doit être clarifié. Il faut que les actifs, salariés ou indépendants, soient les seuls responsables d'une retraite correspondant à leurs cotisations, dans un système garanti par l'État. Les transferts sociaux au titre de la solidarité vieillesse devraient eux être pris en charge par une organisation spécifique relevant directement du budget national.

Le processus pourrait être le suivant :

Sortie du système de retraite de tout ce qui est transfert social qui serait directement pris en charge par l'État (théoriquement financé par la CSG).

Ajustement des cotisations patronales pour tenir compte des avantages spécifiques.

Augmentation du temps de travail de 2 heures par semaine, permettant le paiement par les entreprises d'une cotisation supplémentaire de 5 points rétablissant l'équilibre de long terme.

Suppression de la part patronale désormais supportée par la part salariale avec augmentation des salaires bruts pour que le salaire net reste inchangé.

La gestion du système de retraite doit être réalisée directement par les actifs ou leurs représentants, sans la participation des employeurs et où l'État apporte juste sa garantie et son contrôle.

Une vision libérale du système des retraites est-elle possible ?

Notre système des retraites est devenu l'exemple même d'un mécanisme de confusion sans que personne ne prenne plus ses responsabilités. Un système libéral marche dans la clarté : qui est responsable de quoi, qui paie quoi, quel est le vrai prix pour quel service : c'est ce qu'il faut définir si on veut sortir du système populiste où on reçoit selon la force de ses revendications et non selon un accord basé sur l'échange et la solidarité.

Conclusion

Les mécanismes des sept idées libérales

On peut tirer une philosophie globale des idées présentées dans ce livre : elles nous montrent les mécanismes par lesquels une démarche libérale apporte des solutions. Nous pourrons alors les adopter sur d'autres problématiques. Les concepts retenus ont été les suivants :

La clarté contre la confusion

La clarté des termes de l'échange est une des caractéristiques d'une démarche libérale : lorsque les parties ne comprennent le contenu ni ne connaissent le coût du choix qu'on leur propose, il leur est naturellement difficile de se mettre d'accord. C'est la difficulté de nos systèmes de retraite : Tout y est tellement mêlé que chacun ne comprend pas à quelle sauce il va être mangé et ne regarde que les avantages apparents du voisin : La clarification des systèmes permet une adhésion aux réformes nécessaires et fait partie de la démarche libérale.

L'incitation plus que la morale

Sur les problèmes écologiques, en plus de la mauvaise qualité de l'information, l'obscurantisme des zélotes et talibans du climat ajoute à la désinformation une morale infantile culpabilisante et répressive. À l'absence de clarté s'ajoute la multiplicité des interdits et des règlements. La démarche libérale se base encore sur la clarté de la raison et la démonstration et non sur la croyance ou la propagande, mais on y ajoute de l'efficacité par l'incitation au lieu de l'obligation par le règlement.

L'émulation plutôt que l'immobilisme

Le monolithisme de l'Éducation nationale est un totalitarisme qui empêche l'émergence des innovations les plus efficaces. S'y ajoute l'absence de clarté résultant de la baisse de signification des notes, le refus de voir la réalité du niveau des écoles, l'introduction des discriminations « positives », etc. La démarche libérale, consistant à laisser à chaque région la politique de l'Éducation, va supprimer ce monolithisme et libérer l'émergence de systèmes éducatifs variés dont les meilleurs seront reconnus et généralisés.

L'adaptation et non le dirigisme

L'État s'est approprié le système monétaire et le détourne à son profit alors qu'il devrait être le garant de la qualité de son fonctionnement. Alors que les taux d'intérêt et la masse monétaire devraient correspondre aux fluctuations de l'économie réelle, ils sont fixés par la Banque Centrale en fonction des intérêts propres des États notamment en permettant le financement des dérives budgétaires. Cette distorsion entraine des risques de crises monétaires et un transfert de revenus au profit des financiers et au détriment de l'économie réelle. Il faut libérer le système monétaire de ces contraintes et demander à la Banque Centrale d'en assurer la qualité du fonctionnement de telle sorte que le niveau des taux et des en-cours de crédit soient assurés librement par le marché pour être en phase avec l'économie réelle.

L'intérêt des personnes avant celle du système

De même, alors que la réalité du système monétaire correspond à une comptabilisation des dettes et créances des uns et des autres depuis que la garantie or a été remplacée par une garantie collective, donner la propriété aux banques commerciales de l'argent déposé sur des comptes non rémunérés n'est pas justifié : La réalité de notre système monétaire est que notre argent est garanti par la collectivité et non par la banque commerciale. Une approche libérale ne peut donner aux banques commerciales la propriété de l'argent déposé sur des comptes non rémunérés qui diminue la sécurité apportée par la garantie collective.

La réalité plus que l'arbitraire

L'investissement déductible, c'est reconnaitre qu'un résultat n'est réel que quand on a récupéré sa mise. Les résultats intermédiaires déterminés avec des amortissements arbitraires ne sont que des indicateurs. Ils donnent une vision instantanée de la vitesse mais pas le temps final de parcours. Une même entreprise aura des résultats différents suivant son système d'amortissement. La démarché libérale s'appuie sur la qualité de l'information et ne peut être satisfaite de ce système. Un amortissement calculé en fonction des marges réellement dégagées apporte une vision de long terme bien plus réaliste.

Un système adaptable plutôt que bloqué

La rigidité qu'apporte un salaire minimum doit être compensée par la souplesse qu'apporte le produit social qui rétablit un degré de liberté dans le marché du travail. Ainsi le couple salaire minimum-produit social est une règle libérale qui permet au monde du travail d'affronter la mondialisation et d'autres défis de manière régulée en supprimant l'exclusion due au chômage.

Le mécanisme général de la démarche libérale

Pour essayer de conceptualiser la démarche, on peut la synthétiser en trois éléments :

À titre individuel, nous existons par ce que nous faisons et la propriété de ce que nous faisons est le fondement de notre existence même.

Personne ne peut nous prendre notre propriété sinon par un échange libre.

L'action de l'État est d'assurer la liberté des échanges.

L'adhésion à ces trois prémisses est la base d'une démarche libérale, les autres caractéristiques semblent n'en être que des conséquences.

Par exemple, la clarté n'est qu'une façon de faire un échange de meilleure qualité. L'initiative va venir de la sécurité qu'apporte la propriété, mais aussi de celle de l'État qui protège de la loi du plus fort qui pourrait nous contraindre à ne pas faire.

La solidarité est également une conséquence : L'État, c'est-à-dire la société, ne peut assurer la propriété des plus chanceux (par les qualités humaines ou le hasard des situations) qu'en assurant un niveau de solidarité tel que la loi des plus nombreux (ou des plus forts, ou des plus turbulents...) n'entrave pas le dynamisme des plus doués. C'est l'art (sans doute plus que la science) du politique que de trouver un équilibre entre l'efficacité productive et la solidarité sans tomber dans la démagogie consistant à donner raison aux catégories influentes et négliger les autres : l'égalité des droits est le principe qui découle de cette nécessité.

L'égalité des droits n'est pas l'égalitarisme

Bien que les inégalités n'aient jamais été aussi faibles dans le monde et notamment en France (alors que le rapport de la contribution productive des 10% des plus riches sur les 10% les plus pauvres est de 12, le rapport de leur niveau de vie compte tenu des transferts sociaux est de 3), l'égalité est en train de devenir la vertu majeure de la morale bien-pensante.

Il y a cependant une réalité que tout un chacun constate mais que la société a du mal à admettre : les hommes ne sont pas égaux. L'égalité des droits ne veut pas dire l'égalité des hommes.

L'égalité sur le plan économique n'aboutit pas à une égalité des hommes. Si tout le monde gagne la même chose, les beaux sont quand même avantagés par rapport aux laids, les intelligents par rapport aux idiots, les forts par rapport aux faibles… Ne le déplorons pas trop fort, la bureaucratie serait bien capable d'instaurer un impôt progressif sur la beauté ou sur la virtuosité, pour nous faire entrer dans un système absurde nourri par la jalousie.

La première inégalité de fait est donc génétique et la deuxième provient des circonstances.

De manière caricaturale, c'est le hasard de celui qui gagne 1 million au loto, mais c'est plus généralement la rencontre de la femme de sa vie, du professeur qui change votre vision du monde, de l'ami avec qui vous allez monter un projet, de la lecture qui vous donne une idée géniale, etc.

Il y a une inégalité de par la nationalité. L'inégalité entre le Somalien moyen et l'Italien moyen est considérable et ses conséquences se font sentir à tous les niveaux à la fois du fait du niveau de vie, de la solidité des structures, mais surtout du système commun de fonctionnement beaucoup plus efficace des pays développés par rapport aux autres.

Il y a une inégalité sociale. Elle sera fonction de la richesse de la famille, de son niveau culturel, de ses croyances religieuses ou politiques et son impact sera lui-même fonction de la nation à laquelle elle appartient.

Cette inégalité familiale est l'occasion de comprendre le passage de l'inégalité « hasard » à l'inégalité « choisie » : Pour l'individu, la situation sociale à la naissance peut sembler relever du hasard alors que pour ses parents qui ont décidé de lui créer un patrimoine matériel ou culturel, il n'y a pas de hasard, c'est le fruit d'une démarche et d'un effort.

La thèse selon laquelle les plus riches accaparent la richesse au détriment des plus pauvres est une contre-vérité dans un monde libre : la réalité est que les plus productifs transfèrent une large partie de la richesse qu'ils créent au profit des plus pauvres (vérité très dérangeante pour les chantres de l'égalitarisme).

Enfin, il ne faut pas assimiler pauvreté et inégalité. Cette erreur provient du calcul de la pauvreté en fonction de l'inégalité.

Prenons les 10 % les plus riches et parquons-les ensemble. Ils vont être encore plus riches puisqu'ils n'auront pas à financer les pauvres mais le coefficient de Gini montre qu'il y a parmi eux beaucoup de pauvres alors que chacun d'eux est devenu plus riche. Ce coefficient absurde mesure mal la pauvreté mais très bien le potentiel de jalousie.

Allons-nous qualifier cette mécanique de diabolique, qui en augmentant l'égalité augmente la pauvreté et en diminuant la pauvreté augmente l'inégalité ? Nous ne la trouverons diabolique que si l'égalité nous apparaît comme une divinité. Si nous n'avons pas cette croyance, ne nous trompons cependant pas de sens, ce n'est pas non plus l'inégalité qui génère la richesse.

Entrer dans une démarche libérale

Nous avons développé des idées libérales par sept exemples, mais nous pourrions en trouver bien d'autres, en voici trois :

Sur l'Europe on pourrait avoir une démarche libérale en commençant par clarifier son rôle : La capacité qui lui est donnée de pouvoir donner son avis hors de ses compétences exclusives entretient la confusion. Elle semblerait moins intrusive et éviterait de générer la discorde en limitant ses interventions à son domaine réservé.

Sur l'immigration, le problème réel qui est posé est celui de la solidarité : Si les mots ont un sens, la solidarité nationale ne s'applique pas aux étrangers. Ce n'est pas parce qu'une personne a franchi la frontière qu'elle doit bénéficier des transferts sociaux dont bénéficient les Français les plus modestes grâce aux impôts des plus aisés. La solidarité est nécessaire à l'État pour assurer la cohésion des Français. L'aide humanitaire que chacun peut décider d'allouer à des étrangers individuellement ou par le biais d'ONG, ne peut relever de l'État qui n'a aucun droit à le faire car pour une démarche libérale, cela sort de ses compétences. C'est en plus une démarche parfaitement malhonnête consistant à se donner bonne conscience avec l'argent des autres.

Plus généralement il y a une dérive relevant de l'abus de bien social consistant à tout organisme disposant d'un budget de l'utiliser en partie à des fins qui n'ont rien à voir avec ce à quoi il a été contractuellement destiné du moment que c'est (hypocritement) présenté comme ayant un but « moral ».

Sur la pandémie : de même que pour assurer la liberté, l'État est amené à édicter des règles, il est parfaitement justifié qu'il prenne des décisions exceptionnelles pour réduire l'impact de la diffusion du COVID et que ces décisions puissent être mal adaptées tant que le virus était peu connu. La démarche du gouvernement français a été cependant extrêmement dirigiste, centralisatrice, confuse et inefficace. Aucun recours à la responsabilité individuelle, aucune délégation aux pouvoirs décentralisés et en cadeau pour faire passer la pilule, aucune participation financière des citoyens en suivant la formule du « quoi qu'il en coûte » de Mario Draghi qui payait les bêtises du monde financier, ou celle de François Hollande qui disait « cela ne coute rien c'est l'État qui paie ». Emmanuel Macron a engagé une soi-disant guerre dont le coût exorbitant n'a pas servi à annihiler le virus, ennemi désigné, mais à conserver le niveau de vie d'aujourd'hui des Français qui devront le payer plus tard.

La démarche libérale qui nécessite la clarté dans l'échange est incompatible avec le déficit budgétaire systématique qui est une forme de mensonge consistant à faire croire au contribuable qu'il n'a pas à payer.

Au dirigisme bureaucratique centralisé une démarche libérale aurait préféré une délégation des mesures d'organisations sanitaires aux régions, aux départements voire aux maires, et aurait remplacé le « quoi qu'il en coute » inconditionnel en conditionnant le maintien des avantages en rémunération à un temps de travail plus élevé dans les périodes après COVID (une année à 40 heures, par exemple). Cela aurait évité un confinement généralisé et diminué l'impasse financière qu'il faudra bien combler un jour.

Les mains invisibles

Le principe de la démarche libérale est d'établir des règles qui favorisent la liberté. La règle est d'autant plus libérale qu'elle est autorégulatrice, c'est-à-dire que l'intervention permanente de l'État n'est pas nécessaire pour qu'elle fonctionne.

Pour améliorer nos libertés individuelles, les règles se doivent d'être le moins pesantes possible, et pour cela être construites de sorte qu'elles soient auto-régulées. On a vu que la création du SMIC dans un but nécessaire de solidarité avait perturbé le monde économique en créant des exclusions par le chômage et des délocalisations par l'augmentation absurde du coût du travail (il est absurde de faire supporter un transfert social de solidarité par le système productif). Il était nécessaire de faire en sorte que les inconvénients générés par le SMIC soient compensés par une autre règle qui est celle du produit social.

Les règles multiples, confuses et contradictoires, sont stressantes, décourageantes et anti-productives. Elles pourrissent la vie plus qu'une règle forte mais simple à comprendre et à laquelle on finit par s'adapter. La vision libérale c'est qu'il faut peu de règles, mais qu'elles soient claires et bien conçues, suffisamment autorégulatrices pour que l'intervention de l'État ne soit pas permanente.

Alors que les taxes sont considérées traditionnellement comme antilibérales, on a vu qu'une monétarisation des nuisances peut permettre une plus grande liberté que la multiplication des lois et règlements vécus comme autant de contraintes.

La multiplication des lois de circonstances pollue progressivement notre existence car la nécessité finit par disparaître mais la contrainte demeure. Dans un monde de plus en plus complexe, privilégier les capacités d'adaptation individuelles plutôt que faire le recours systématique à l'État est le seul moyen d'arriver à un tissu social résilient et solidaire qui nous protège du kafkaïen totalitarisme bureaucratique.

Il ne faudrait pas en conclure qu'un système autorégulateur est nécessairement libéral. Cette fonction d'autorégulation permet d'éviter le dirigisme bureaucratique, mais si elle ne favorise pas le développement du libre arbitre, elle pourrait générer une pression sociale parfaitement tyrannique. De même une mesure d'inspiration libérale peut aller à l'encontre de son objectif, lorsque le contexte général est dirigiste.

Le libéralisme est une voie étroite : la recherche collective de la liberté individuelle y est un réel défi pour l'art politique.

Structures éditoriales du groupe L'Harmattan

L'Harmattan Italie
Via degli Artisti, 15
10124 Torino
harmattan.italia@gmail.com

L'Harmattan Hongrie
Kossuth l. u. 14-16.
1053 Budapest
harmattan@harmattan.hu

L'Harmattan Sénégal
10 VDN en face Mermoz
BP 45034 Dakar-Fann
senharmattan@gmail.com

L'Harmattan Cameroun
TSINGA/FECAFOOT
BP 11486 Yaoundé
inkoukam@gmail.com

L'Harmattan Burkina Faso
Achille Somé – tengnule@hotmail.fr

L'Harmattan Guinée
Almamya, rue KA 028 OKB Agency
BP 3470 Conakry
harmattanguinee@yahoo.fr

L'Harmattan RDC
185, avenue Nyangwe
Commune de Lingwala – Kinshasa
matangilamusadila@yahoo.fr

L'Harmattan Congo
67, boulevard Denis-Sassou-N'Guesso
BP 2874 Brazzaville
harmattan.congo@yahoo.fr

L'Harmattan Mali
ACI 2000 - Immeuble Mgr Jean Marie Cisse
Bureau 10
BP 145 Bamako-Mali
mali@harmattan.fr

L'Harmattan Togo
Djidjole – Lomé
Maison Amela
face EPP BATOME
ddamela@aol.com

L'Harmattan Côte d'Ivoire
Résidence Karl – Cité des Arts
Abidjan-Cocody
03 BP 1588 Abidjan
espace_harmattan.ci@hotmail.fr

Nos librairies en France

Librairie internationale
16, rue des Écoles
75005 Paris
librairie.internationale@harmattan.fr
01 40 46 79 11
www.librairieharmattan.com

Librairie des savoirs
21, rue des Écoles
75005 Paris
librairie.sh@harmattan.fr
01 46 34 13 71
www.librairieharmattansh.com

Librairie Le Lucernaire
53, rue Notre-Dame-des-Champs
75006 Paris
librairie@lucernaire.fr
01 42 22 67 13